I0704742

Titolo del libro:
AMORE E CORAGGIO DI SUOR MARCELLA CATOZZA
Anno di stampa: 2024
Autore: Pino Vono. TUTTI I DIRITTI RISERVATI.
La riproduzione, anche parziale e con qualsiasi mezzo,
non è consentita senza preventiva autorizzazione scritta dell'autore.

Editing, correzione di bozze e impaginazione a cura di:
Lisa Pitrolo | www.lisapitrolo.com

Dello stesso autore:

Pino Vono

AMORE E CORAGGIO
DI SUOR MARCELLA CATOZZA

Nell'inferno della *bidonville*
«Waf Jeremie» di Port-au-Prince,
REPUBBLICA DI HAITI

Con prefazione del giornalista Dott. Salvatore Di Salvo

Indice

Prefazione 9

Atto d'amore 13

Breve viaggio nella Repubblica di Haiti 15

Terremoto e colera, gennaio e ottobre 2010 16

Primi contatti con Suor Marcella Catozza 18

Casa di Accoglienza «Kay Pè Giuss» 22

Premio per la Pace a Suor Marcella 25

L'ombra della stregoneria 26

Poveri bimbi denutriti e abbandonati 28

Matthew: violento uragano atlantico 30

Suor Marcella realizza il suo sogno 31

Il sogno si infrange nelle maglie della burocrazia .. 34

Meglio l'inferno di Haiti, che la burocrazia italiana .. 35

Spenta la speranza di luce per i piccoli haitiani 37

Haiti: Liberato Vanni Calì, l'incubò durato tre settimane .. 40

Assassinato Jovenel Moise, Capo del Governo di Haiti .. 41

Ancora terremoto e disperazione ad Haiti 43

Povertà, caos e violenza armata 46

Il popolo si organizza in una «Milizia di Autodifesa» .. 47

L'attenzione dell'ONU su Haiti 48

Uccisa Suor Luisa Dell'Orto 49

Haiti: ricatti e violenze su volontari e bambini 50

Sei italiana e sai cos'è la mafia! 52

Haiti sotto scacco di violenze e soprusi delle *gang*.................54

Approvata «Missione Internazionale» per Haiti.....................57

Repubblica Dominicana: la nuova speranza...........................58

Rifiutato il progetto di Suor Marcella...................................59

Natale di sangue a Croix-des-Bouquets 60

Madagascar: nuova destinazione per Suor Marcella..............61

Haiti: le violenze delle bande proseguono senza sosta 62

Bocciato l'invio dei mille poliziotti keniani ad Haiti...............64

Accorato appello di Suor Marcella......................................64

Timido segnale positivo da parte di un esponente politico......66

Assalto alle prigioni: liberati oltre quattromila criminali 68

Dimissioni del primo ministro Ariel Henry...........................68

Gli Stati Uniti chiedono la collaborazione dell'Italia 69

Lunga lettera alle più alte cariche dello Stato.......................71

Dichiarazione dello Stato di Emergenza 72

Nuova partenza per il Madagascar......................................73

I miracoli possono realizzarsi...76

Ringraziamenti...79

Prefazione

La Repubblica Domenicana come terra madre delle vacanze, ma anche dell'umanità: come miriadi di donne che, danzando e sudando, tessono la storia del nostro tempo. Queste le immagini che ci vengono incontro mentre scorriamo il lavoro di Pino Vono, *Amore e coraggio di Suor Marcella Catozza*, che consegna la storia di una suora francescana, una donna che lascia tutto per prendersi cura dell'altro, dei bambini, degli ultimi e di una porzione di territorio alla periferia di Haiti.

Suor Marcella ci regala, tramite il racconto di Pino, una sequenza di sussurri. Parole che non evocano solo immagini da contemplare, ma realtà umane che coinvolgono mente e cuore, fino ad attraversare le nostre viscere materne. Sì, perché chi racconta, soffre e sogna è una donna, che avvolge di speranza e di tenerezza – ma anche di dolore – i popoli che vivono nel suo cuore.

Le pagine di questo libro-testimonianza costituiscono un prezioso indizio della presenza di una suora che, con tutte le forze, vorrebbe salvare i bambini haitiani. Siamo missionari dell'amore e della gioia di Dio, al quale sta a cuore la nostra felicità: «Vi ho detto queste cose perché la mia gioia sia in voi e la vostra gioia sia piena» (Gv 15, 11).

In questo lavoro emergono cinque parole: preghiera, carità, misericordia, famiglia e giovani. Cinque concetti che tratteggiano la personalità e l'azione di Suor Marcella, che, con grande sforzo e coraggio, ci invita a essere «costruttori di ponti per spezzare la logica della divisione, del rifiuto, della paura gli uni degli altri» e a metterci «al servizio dei poveri».

La storia della suora francescana ci esorta ad «affrontare con coraggio la vita, che è dono di Dio» e a non farci rubare il futuro che è nelle loro mani, ma anche osare di andare oltre. Una donna che chiede aiuto per strappare i bambini haitiani al degrado e, come suggerisce Papa Francesco, alle periferie del mondo. Una suora che ha accolto e riscatta giornalmente le donne e i bambini dalle insidie del male e del dolore, insegnando le piccole cose. Una religiosa che continua a lottare per la libertà di un popolo.

«Non possiamo fare grandi cose su questa Terra, solo piccole cose con grande amore» (Santa Teresa di Calcutta).

Il lavoro di Pino è la narrazione della storia di una donna che chiede aiuto al mondo per salvare i bambini che vivono le lotte e i tanti disagi, ma anche il grido di pace. La presenza evangelizzatrice e missionaria di suor Marcella, di un "Cenacolo" dove la preghiera, la carità e la missione sono una testimonianza forte, feconda e significativa, quale parte viva e attiva della comunità ecclesiale e del territorio in cui sono presenti. Sono comunità di persone consacrate, che hanno speso la propria vita e le proprie energie sulla scia di San Francesco e che continuano a essere profondamente missionarie, a partire dall'oblazione e dall'unione a Gesù Sofferente e Risorto, senso di ogni dolore e fonte di speranza.

La loro partecipazione all'*instaurare omnia in Christo* si concretizza attraverso l'esperienza della propria fragilità, malattia e debolezza, che entra in comunione con tutte le fragilità, malattie e debolezze dell'umanità, diventando apostolato e missione feconda, testimonianza e profezia, in un mondo dove la dignità della persona è sempre più calpestata, soprattutto nelle vite più fragili e deboli come quelle dei bambini, dei malati e degli anziani, considerati inutili e improduttivi nella spirale di consumismo, utilitarismo ed egoismo che caratterizza il nostro tempo.

Si tratta di un vero "servizio" perché è un'azione apostolica, non astratta e generica; data la sua delicatezza e preziosità, tende a dare risposte a determinate necessità collegate alla dignità della persona come Figlia di Dio, al valore della vita e a quello della famiglia e dei rapporti intergenerazionali, come segno concreto della comunione Trinitaria.

«Ogni cristiano e ogni comunità è missionaria, nella misura in cui porta e vive il Vangelo e testimonia l'amore di Dio verso tutti, specialmente verso chi si trova in difficoltà. Siate missionari dell'amore e della tenerezza di Dio» (Papa Francesco, Omelia del 5 marzo 2013).

Salvatore Di Salvo

Giornalista, Segretario Nazionale
Unione Cattolica della Stampa Italiana
Tesoriere dell'Ordine dei Giornalisti di Sicilia

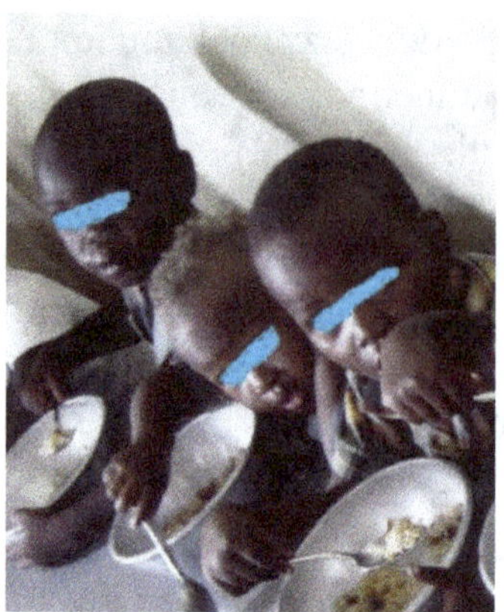

Piccoli haitiani che consumano il pasto.

*Veduta della bidonville Waf Jeremie cresciuta su una discarica
(foto di Marco Baroncini).*

«La tua generosità e la tua solidarietà possono aiutare
tanti bambini nel mondo, realizzando i tuoi stessi sogni.»

Atto d'amore

Attraverso questo mio testo, gradirei che più persone si rendessero conto di quanta miseria, violenza e solitudine esista attorno a questo sfortunato e disperato popolo haitiano, sofferente da anni per via di una guerra, tra bande violente e una popolazione che non interessa nessuno. Frutto di sopraffazione a causa dell'estrema povertà e di un Governo inerme.

Leggere questo libro non risolverà certo il dramma, ma costituirà un modo per saperne di più, evidenziando alcuni episodi cruciali con l'intento di sensibilizzare, sin dove possibile, la coscienza e l'umanità in ognuno di noi.

Coinvolgere il nostro cuore, per incoraggiare e aiutare concretamente Suor Marcella Catozza tramite la sua "Fondazione Via Lattea Onlus". Gran parte dei proventi dalla vendita di questo testo saranno devoluti in beneficenza proprio a favore della predetta fondazione.

La generosità è un dono che appartiene all'anima...

Pino Vono

Breve viaggio nella Repubblica di Haiti

A un certo punto, dopo quasi un anno di gestione del mio piccolo e accogliente ristorantino, situato all'interno del villaggio turistico Dominicus di Bayahibe, a circa mezz'ora dall'aeroporto *La Romana*, nella Repubblica Dominicana, decidevo di cederlo e partire per la Repubblica di Haiti, dove risiedetti dal 7 al 19 gennaio 2011. Raggiunsi, in un primo momento, il Comune di Pétionville e poi Carrefour, a circa venti chilometri dalla Capitale, Port-au-Prince, dove mi attendeva la famiglia della mia amica, Sintia Romain, che aveva lavorato nel mio locale.

Haiti è un Paese del continente americano, situato nel Mar dei Caraibi e noto come *La Perla delle Antille*. Un tempo colonia francese, il territorio haitiano copre la parte occidentale dell'Isola di Hispaniola e confina con la Repubblica Dominicana.

Una volta giuntovi, i familiari di Sintia mi consigliarono vivamente di non girovagare da solo, in quanto molto pericoloso. «Ci sono numerose mini-bande armate concentrate nei dintorni di Port-au-Prince, formate in gran parte da giovanissimi che fanno razzie di ogni genere, dalle rapine ai sequestri lampo per estorcere danaro, fino a furti e altre violenze».

In sintesi, mi fu resa nota la presenza, nel Paese, della "mafia dei poveri".

Quei gruppi di giovani sbandati, molto determinati e feroci, in seguito e per un lungo periodo, si sarebbero coalizzati in una "federazione" che avrebbe preso il nome di *G9 Family And Allies*, letteralmente "G9 Famiglie e Alleati". Composta da circa sei bande criminali (*400 Mawozo, La Chen Machan, La Potia, 5 Segonn, Base Non Chabo*, e *La Saline*), sarebbe riuscita a controllare gran parte del paese caraibico.

Uno tra i maggiori leader di quella potente organizzazione, il pericoloso Jimmy Cherizier, cinquantenne noto come *Barbecue*, è un ex Agente della Polizia haitiana.

Per evitare di essere aggredito, dunque, durante i miei spostamenti ero sempre accompagnato da tre o quattro persone, alcune delle quali armate.

Negli occhi della gente non potevo fare a meno di notare la sofferenza e la rassegnazione al destino: strade dissestate, case e baracche ancora distrutte, a distanza di quasi un anno dal terremoto... persino il Palazzo del Governo era devastato. Un caos infernale di vecchie auto, moto, furgoni e minibus zeppi di persone. L'inquinamento derivante dallo smog, a causa del caotico traffico veicolare, impediva di respirare.

Terremoto e colera,
gennaio e ottobre 2010

Ovviamente, già all'epoca, ero ben consapevole delle carenze di sicurezza di quello Stato e di quanto fosse pericoloso; com'ero pure consapevole del terribile e catastrofico terremoto che l'aveva colpito, il 12 gennaio 2010: di magnitudo 7.0 MW, con epicentro localizzato a circa venticinque chilometri a sud-ovest della capitale, Port-au-Prince, che aveva causato oltre duecentotrentamila morti, circa novecentomila edifici distrutti e un numero impressionante di dispersi.

Tutto ciò non mi aveva indotto a desistere.

A quella immane tragedia, nel successivo mese di ottobre dello stesso 2010, si era aggiunta una forte epidemia di colera a cagionare la morte di altre duemila persone. Nell'immediato, tutto il mondo, sull'onda dell'emotività, si era mobilitato al fine di non lasciare sola la popolazione haitiana, inviando aiuti di ogni genere.

Ma il dramma, col passar del tempo, era stato quasi del tutto ignorato. L'attenzione mediatica era scomparsa, lasciando numerosi problemi insoluti. Il disastro rimaneva, certamente più critico, e così le macerie.

Scomparvero, però, dai giornali, rimanendo quasi esclusivamente nella fatica delle vittime sopravvissute e nella responsabilità e nell'impegno di quei generosi volontari che quotidianamente aiutavano la popolazione.

*Waf Jeremie: Baracche fatiscenti di lamiera e cartone,
costruite su discarica, dove i bambini vivono e giocano
(foto di Marco Baroncini).*

Vedevo con i miei occhi il dolore e la disperazione ancora vivi, in quel popolo devastato tanto dal terremoto quanto dal colera, ma anche dall'enorme degrado generato dalla povertà. Il tutto, aggravato dall'assenza di un governo stabile, perché in gran parte corrotto.

Il 22 ottobre 2012, l'uragano *Sandy*, oltre a colpire Giamaica, Cuba, Bahamas, Repubblica Dominicana e Costa Orientale degli Stati Uniti, raggiunse anche la già martoriata Haiti. Un ciclone devastante, che fece oltre cinquantaquattro vittime e lasciò circa duecentomila persone senza un tetto.

Primi contatti con Suor Marcella Catozza

Al corrente di questi miei viaggi e della vicinanza a chi si trovava in difficoltà, un amico sacerdote mi raccontò, allora, di una suora coraggiosa della Fraternità Francescana. Nativa di Busto Arsizio, in provincia di Varese, il suo nome era Marcella Catozza. Missionaria e infermiera, da oltre vent'anni si occupava degli ultimi e, proprio in quel periodo, si trovava nella Repubblica Dominicana.

Rimasi incuriosito e, insieme, affascinato dal racconto di questa energica e coraggiosa sorella, dando inizio, così, a un'accurata ricerca sui *social media*.

Una volta individuata, mi misi in contatto con lei.

Da subito, nacque tra noi un *feeling* particolare e un legame che non necessitava di tante parole. In tale contesto, mi fece sapere che non si trovava più nella Repubblica Dominicana, ma nella confinante Repubblica di Haiti e, precisamente, a Waf Jeremie, per volere del suo vescovo, Monsignor Francisco Ozoria Acosta.

Essendo di natura diffidente e poco propenso a credere nella buona fede di quanti si professano benefattori verso il prossimo, approfondii le mie ricerche, verificando, tramite riscontri, la veridicità di quanto fino a quel momento mi era stato reso noto. Scoprii in tal modo che Suor Marcella fosse dotata di una forza e di una determinazione straordinari, congiuntamente a grandissima bontà intrisa d'altruismo e dedizione verso i bisognosi.

Da persona altrettanto "vissuta", anche Suor Marcella svolse le proprie verifiche sul mio passato e sul presente. Nel corso dei numerosi messaggi che ci scambiammo, si ritrovò ad esclamare: «Giuseppe, anche tu hai un passato burrascoso! Ho letto qualcosa».

Non c'era dubbio, comunque, sul fatto che i trascorsi di Suor Marcella risultassero molto più laboriosi, sofferti e ricchi di esperienze e amore per chi soffre.

Una delle sue prime missioni era stata in Albania. Nel 1992, aveva dato inizio a quella di Babice e Madhe, occupandosi dell'educazione dei bambini e dell'ambulatorio di un povero villaggio. In seguito, era stata responsabile del campo profughi dei kosovari, nella città di Valona, collaborando con la Croce Rossa internazionale che si occupava dei ricongiungimenti familiari dei tanti bambini dispersi.

Proprio in Albania, era poi venuta a conoscenza del traffico di organi di bambini. Un mafioso locale le richiese la vendita di alcuni orfani, previa ricompensa di una notevole somma di denaro. Lo sdegno e il deciso rifiuto della francescana fecero scaturire la violenta reazione del mafioso. Intuito che avrebbe certamente ricevuto delle ritorsioni, la donna si preoccupò immediatamente di portare in salvo i bambini, chiedendo aiuto alla Croce Rossa.

La Missione venne presa d'assalto da un gruppo criminale, messo poi in fuga dal tempestivo intervento del

Battaglione San Marco, precedentemente avvertito dalla stessa suora.

Poiché l'Albania era divenuta troppo pericolosa, per un breve periodo, Suor Marcella venne assegnata in Mozambico e poco dopo, nell'anno 2000, giunse in Amazzonia, nell'Isola di Parintins (Brasile), dove rimase per quasi cinque anni. Qui, per volere del vescovo locale, si occupò dei bambini di strada delle Favelas di Itauna 1 e 2 e Paulo Correa. Grazie alla sua opera, in seguito, nacque il Centro Educativo *Nossa Senhora Das Gracias*, che arrivò ad accogliere oltre settecento bambini.

Nel 2005, suor Marcella raggiunse Haiti. Il Vescovo Joseph Serge Miot le aveva chiesto di recarsi a Waf Jeremie, dove la realtà della baraccopoli periferica della capitale, Port-au-Prince, era tristemente famosa per la diffusa criminalità e il rischio di malattie. Con fatica e tempo, riuscì a conquistarsi la fiducia di quel popolo disorientato e anche di alcuni criminali a capo della diffusa violenza delle baraccopoli.

Il desiderio di Suor Marcella era quello di risanare una piccola parte di quell'ammasso di lamiere e dare conforto e un po' di istruzione ai bambini che giocavano nel fango. Riuscì persino ad affittare un vecchio e abbandonato deposito, in passato adibito alla produzione di carbone, all'interno del quale, con l'aiuto di alcuni giovani volontari, mise su un piccolo pronto soccorso pediatrico. Il suo diploma di infermiera e i cinque anni universitari in medicina gli permisero un grande salto avanti. La modesta stanza utilizzata per l'emergenza, ben presto, fu stracolma.

Purtroppo, in quel luogo di disperazione, Suor Marcella rimase per poco tempo. La sua presenza fu nuovamente richiesta nella Repubblica Dominicana; al fine di portare avanti il progetto del vescovo della Diocesi di San Pedro De Macoris, Monsignore Francisco Ozoria Acosta, che necessitava di maggior attenzione e supporto ai tanto disperati clandestini haitiani, dediti alle piantagioni di canna da zucchero.

La miseria del Villaggio Waf Jeremie, alle porte della capitale Port-au-Prince (foto di Marco Baroncini).

Tutto, ad ogni modo, sembrò procedere per il meglio. Almeno fino a quando non sopraggiunse il terribile terremoto del 12 gennaio 2010 a devastare la vicina Haiti.

Conseguentemente, ogni cosa fu sospesa e Suor Marcella costretta a lasciare anche quella destinazione e fare immediato ritorno ad Haiti e alla baraccopoli di Waf Jeremie, per aiutare i suoi abitanti a ricominciare. La si sarebbe vista spesso, da quel momento, scavare tra le macerie per dare una mano ai disperati che tentavano di salvare il *nulla*.

In una delle tante comunicazioni tra noi intercorse, la religiosa mi riferì che il villaggio Waf Jeremie altro non fosse che una distesa di baraccopoli di circa settantamila anime, con centinaia e centinaia di fatiscenti baracche di lamiera e cartone cresciute su una discarica a cielo aperto, a pochi chilometri dalla capitale.

Nel paese caraibico, considerato il più povero dell'emisfero occidentale, la laboriosa suora creò l'Associazione "In cammino con Suor Marcella Catozza" Onlus e, successivamente, nell'anno 2015, la trasformò nella Fondazione Via

Lattea Onlus, con sede in via Vocabolo Conversio 160/b, a Cannara, in provincia di Perugia.

Casa di Accoglienza «Kay Pè Giuss»

In questi luoghi di disperazione e di morte, ci si può trovare spesso di fronte a una madre che vuole abbandonare i propri figli perché vive in una baracca di lamiera o in una tenda sudicia, e non ha la forza di andare avanti o la possibilità di dar loro da mangiare.

Qui, Suor Marcella riuscì a riprogrammare il desiderato progetto grazie ad alcuni aiuti sopraggiunti a seguito del devastante terremoto del 2010. In modo particolare, grazie al contributo, all'impegno e alla grandissima generosità dei numerosi sostenitori e di altre comunità benefiche, come l'Angolo della Vita, COOPI, ASI, Protezione Civile italiana, Genio Militare, Battaglione San Marco, Nave Cavour e tante ONG italiane e straniere (come, ad esempio, quella brasiliana *Viva Rio*, che liberò tutta l'area, rimuovendo le macerie).

Waf Jeremie: una distesa di baraccopoli di circa settantamila anime e centinaia di fatiscenti baracche di lamiera e cartone.

Coronò così uno dei suoi sogni, creando una vera "città della speranza": la Casa di Accoglienza *Kay Pè Giuss*, nel ricordo di don Luigi Giussani, arrivando ad ospitare ben centoquaranta bambini orfani, gravemente denutriti, da zero a quattordici anni, alcuni dei quali privi della loro mamma perché morta o affetta da Aids, e quindi impossibilitata ad allattare e garantire loro anche due pasti al giorno.

Casa di Accoglienza "Kay Pè Giuss", creata nella bidonville di Waf Jeremie (foto di Marco Baroncini).

In quest'angolo di paradiso, di vita, di speranza e di luce, anche Suor Marcella poté trasferirsi, unitamente ad alcuni piccoli e ai volontari, trovando conforto in una delle centoventi casette costruite all'interno della *bidonville* di Waf Jeremie, abbandonando così la vecchia e fatiscente abitazione nel Comune di Tabarre, poco distante dalla capitale.

Casette colorate, fortemente volute dalla religiosa Marcella, per un costo complessivo di circa quattromila dollari cadauna, facilmente riconoscibili nel mezzo di capanne, tende, baracche e abitazioni in lamiera tutte dello stesso colore grigio, malinconico come la vita vissuta al loro interno. Nel bel mezzo di un luogo di estrema povertà, dove oltre due milioni di persone non godono di un alloggio.

Waf Jeremie, come più volte evidenziato, altro non è che una distesa baraccopoli cresciuta su una discarica a cielo aperto, tristemente nota per l'elevata criminalità e l'alto rischio di malattie. Mentre tutti noi lamentiamo la crisi energetica, l'aumento dei prezzi, e ci interessiamo morbosamente di programmi quali *talent* e *reality show* che oserei definirli pietosi, come *Il Grande Fratello*, *L'isola dei famosi*, *Uomini e donne* e via dicendo, i bambini di Waf Jeremie raccolgono l'acqua della pioggia per bere e cucinano solo quando trovano qualcosa con cui cibarsi.

Waf Jeremie: alcune casette colorate e accoglienti che rendono felici i bambini... ma non solo. (Foto di Marco Baroncini)

La struttura venne dotata anche di un piccolo ambulatorio pediatrico intitolato a San Francesco, il solo in quella miseria assoluta, allo scopo di dare un supporto, in primis, ai bambini denutriti e alle mamme malate di Aids. A questo, venne affiancato un refettorio denominato "Santa Chiara", un'area ludico-sportiva con parco giochi, una via per i mestieri, una piccola clinica e alcune aule-scuola.

Il lavoro, l'impegno e l'amore di tanti permisero tutto ciò. Un piccolo angolo felice in un mare di violenze e povertà. Seguirono altri progetti, alcuni dei quali portati a termine e altri attualmente in via di sviluppo, come:

Una speranza per Job, entità costituita per i bambini dai sei mesi ai cinque anni in gravi condizioni di denutrizione, in memoria di Job, che Suor Marcella non poté salvare, a causa del grave stato di denutrizione in cui versava;

Donna non piangere, per madri e figli malati di Aids;

Scuola Regina Pace, aperta da Suor Marcella nel 2011 per l'adozione a distanza di bambini;

Cittadella della Speranza, comprensiva di ambulatorio pediatrico con trentasette posti letto.

E ancora, una falegnameria, una panetteria, una via dei mercatini, una nuova casa refettorio, un'area ludico-sportiva, una via delle botteghe, la costruzione di un pozzo e di un impianto di purificazione dell'acqua della profondità di circa quaranta metri, sotto al terreno su cui sorgeva la baraccopoli Waf Jeremie.

Premio per la Pace a Suor Marcella

Alla missionaria bustocca Marcella Catozza venne assegnato il prestigioso riconoscimento *Premio per la Pace 2010* dalla Regione Lombardia, consegnato direttamente dal Presidente Roberto Formigoni e ritirato per lei dal fratello Massimo. Il premio è un riconoscimento che la Regione Lombardia attribuisce dal 1997, col fine di valorizzare l'impegno svolto con competenza e passione da uomini e donne, per la costruzione della pace e della solidarietà internazionali.

Di seguito e per effetto dell'attribuzione del suddetto merito, sorsero spontaneamente alcune iniziative nel territorio, a sostegno del lavoro svolto da Suor Marcella ad Haiti.

Waf Jeremie, come già descritto, è una zona molto degradata, in cui sono sorte negli anni baracche di lamiera che ospitano centinaia di migliaia di persone, molto spesso vittime di feroci gruppi criminali, costituiti per la maggior parte da minorenni. In dette località, ancora oggi avvengono quotidianamente sparatorie, omicidi, rapine, sequestri lampo a scopo estorsivo e violenze varie.

Suor Marcella Catozza con i suoi piccoli orfanelli haitiani

L'ombra della stregoneria

In questo lembo di terra martoriata e di nessuno, come se non bastassero terremoti, violenti uragani e la presenza di una criminalità altrettanto agguerrita, per la spartizione e il controllo del territorio, primeggia anche una diffusa ignoranza.

Tra il caos e la paura generale, scoppiò il caso drammatico della "caccia alle streghe", a seguito della diffusione dell'epidemia del colera. Secondo alcuni esaltati, il colera sarebbe stato trasmesso per mezzo del rito della "magia". A seguito dei numerosi decessi attribuiti all'epidemia, che aveva cagionato la morte di quasi duemila persone, nel Paese, si scatenò una caccia spietata agli "stregoni" ritenuti responsabili.

La gente iniziò a puntare il dito contro una leggendaria "polverina bianca", ritenuta magica e d'uso, da parte degli stregoni-dottori della zona, per diffondere l'epidemia di colera, scatenando un linciaggio in stile Salem, che procurò la morte di dodici haitiani: dodici stregoni vudù trovati ammazzati a colpi di machete e con gravi ustioni sul corpo.

Il Governo di Haiti intervenne, dichiarando che non esistesse alcuna polvere del colera, nessuno zombie e nessuno spirito. «Il colera è un microbo. Il solo modo per proteggersi è quello di osservare le principali norme igieniche».

La follia proseguì, ad ogni modo, con violenze continue: questa volta, le vittime furono donne. Tre di loro vennero decapitate, bruciate e poi gettate tra i rifiuti. Sulle casette di Waf Jeremie, meglio conosciute come *Vilaj Italyen*, Villaggio Italiano, comparvero numerose scritte contro «il diavolo e i suoi figli».

Molte donne fuggirono, anche se non avevano niente a che vedere coi riti. Molte madri rimasero chiuse in casa unitamente ai loro bambini. Solo la pioggia pose fine al massacro.

Davanti a tutto ciò, rimaneva solo una cosa da fare: resistere e avere fede. Questa, l'amara realtà che si viveva all'interno del "non popolo" del *Vilaj Italyen*, un angolo di pace in mezzo a una distesa di baracche fatiscenti e inaccessibili, alle porte di Port-au-Prince, dove i bambini diventavano grandi da soli: ragazzine che a dodici anni erano già donne, e vecchie a venticinque; bambini e uomini a caccia di lavoro.

Waf Jeremie, luogo di grande dolore e di speranza, luogo di solitudine e al contempo forza per ricominciare. Luogo in cui il più disperato può incontrare qualcosa per cui valga la pena di non smettere di credere.

In questo contesto, l'ennesima nota dolente: alla richiesta inoltrata all'Ospedale Generale Governativo, d'inviare personale addetto alle vaccinazioni per il diffusissimo colera, si oppose un netto rifiuto d'intervenire.

«Waf Jeremie è troppo pericolosa!» fu asserito.

Poveri bimbi denutriti e abbandonati

Per aiutare l'instancabile suora e suoi bimbi, il 15 giugno 2012, presso il Palazzo della Cultura di Catania, il dott. Tommaso Vendemmia, Segretario Generale Provinciale S.I.A.P. (uno dei sindacati della Polizia di Stato) da me contattato, senza indugio, organizzava una Tavola Rotonda con numerosi relatori e partecipanti, insieme allo staff della sua Segreteria. Il tema: «La differenza come risorsa per una cultura delle pari opportunità».

Tra gli invitati, la Dott.ssa Elisa Carubelli, componente della fondazione facente riferimento a Suor Marcella Catozza, infermiera professionale presso l'Ospedale "Luigi Sacco" di Milano.

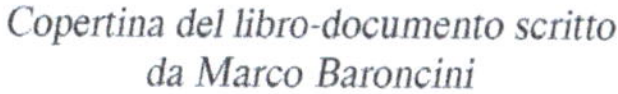

Copertina del libro-documento scritto
da Marco Baroncini

Suor Marcella nell'accampamento
di Waf Jeremie

La Tavola Rotonda si concludeva con la raccolta di una discreta somma di denaro, offerta spontanea per l'omaggio del libro-racconto, arricchito da numerose foto che rappresentavano e diffondevano la realtà e l'emergenza umanitaria di Haiti. La somma raccolta (circa duecentocinquanta euro) veniva successivamente inviata alla Fondazione Via Lattea Onlus, dando così la possibilità a un paio di piccoli di sopravvivere per qualche giorno.

All'interno del libro-documento dal titolo *Waf Jeremie. L'inizio della speranza*, scritto da Marco Baroncini e pubblicato dalla Casa Editrice Graffiti con prefazione di Nicola Zingaretti, ex Presidente della Provincia di Roma, e con l'introduzione di Guido Bertolaso, ex Capo della Protezione Civile italiana e responsabile della missione italiana per il terremoto del gennaio 2010 in Haiti, si evidenzia come Suor Marcella, oltre a rivolgersi ai propri genitori Antonio e Lella, si rivolgeva anche a tutti quelli che donavano sé stessi per una speranza.

Ai miei genitori, Antonio e Lella, che mi hanno insegnato a stare nella realtà con coraggio e speranza a tutti gli amici che stanno camminando con noi per le stradicciole di Waf Jeremie e ci aiutano a dare speranza alla sua

29

Matthew: violento uragano atlantico

Nell'anno 2016, il violento uragano atlantico Matthew, di categoria cinque, si abbatté nell'area dei Caraibi, causando devastazione e la perdita di oltre seicento vite. La sua violenza e drammaticità coinvolse, inevitabilmente, la già martoriata Haiti, oltre alla Repubblica Dominicana, Cuba, Bahamas, Colombia e Usa.

Ovviamente, nel corso degli anni, la situazione era degenerata notevolmente e in modo irreversibile: gli omicidi, le aggressioni e i sequestri erano divenuti all'ordine del giorno. Più volte tentai di raggiungere Suor Marcella ad Haiti, ma fui sempre fermato dalla stessa, in quanto lo riteneva pericoloso. Temeva per la mia incolumità.

Pur avendo il desiderio di andare, non volli mai contrariare il suo volere, comprendendone le valide e opportune ragioni. Soprattutto, dopo gli ennesimi attacchi dei banditi alla Casa di Accoglienza *Kay Pè Giuss*, in cui questi ultimi riuscirono a portare via tutti i generi alimentari e quant'altro poterono, materassi e frigoriferi inclusi, per un valore di circa trentamila dollari.

In quella drammatica circostanza, il Governo era intervenuto limitandosi a consigliare a tutti di allontanarsi dalla zona diventata invivibile, mostrando, tra l'altro, di non poter garantire agli abitanti nessun tipo di sicurezza. Quasi tutti, in ogni caso, non sapevano dove andare, compresi Suor Marcella e i suoi centoquarantasette bambini.

In quel luogo, i bambini iniziano la vita con estrema fatica. Da piccoli vengono condotti in uno spiazzo ben definito e lì sono abbandonati; successivamente, sono i poliziotti a consegnarli agli assistenti sociali e questi ad affidarli a loro volta alle case di accoglienza, come quella di Suor Marcella.

Oltre due milioni di persone non godono di un tetto.

Suor Marcella realizza il suo sogno

Tra il 2017 e il 2018, Suor Marcella maturò il progetto di portare in Italia un gruppo di ragazzi haitiani più grandi e di farli studiare, con la speranza di un futuro, di far ritorno al loro Paese e cambiare qualcosa, seminando educazione e pace. Dare loro un'opportunità, strappandoli al destino infernale che si consuma giorno dopo giorno sotto le macerie di una *bidonville* di lamiere e cartone, in una delle zone più pericolose e povere al mondo.

Era senza dubbio un progetto innovativo, coraggioso, che sfidava la diffidenza sociale, economica, politica, culturale e religiosa. Una *casa* aperta all'amicizia, allo scambio, che preparasse i bambini a vivere in un mondo globalizzato.

Superati gli ostacoli più importanti e avuto assicurazione che avrebbe potuto ottenere quanto richiesto, Suor Marcella, con l'aiuto della comunità, individuò la struttura in cui sistemare i bambini: un magnifico casolare in cima alla collina della Frazione di Cannara (Perugia).

Fu così attivato il progetto "Casa Laila".

Il sindaco, Fabrizio Gareggia, e il Consiglio Comunale della piccola comunità approvarono il progetto, predisponendo l'accoglienza dei bambini caraibici.

Casolare in cima alla collina della Frazione di Cannara, all'interno del quale sarebbero stati ospitati i piccoli haitiani.

Nel frattempo, il contingente delle Nazioni Unite, dispiegato sin dal lontano 2004, dopo circa tredici anni ritirava i *Caschi Blu*, lasciando una stabilità che nel breve tempo si rivelò soltanto apparente. Le *gang*, approfittando della loro partenza, triplicarono e si potenziarono, soprattutto a causa dell'inerzia dei vari governi di Michel Martelly e Jovenal Moise. Quest'ultimo, previa congiura di palazzo, sarebbe stato ucciso da un commando di sicari qualche anno più tardi.

Finalmente, dopo circa un anno ed, esattamente, a giugno 2019, tutte le pratiche e i permessi per l'espatrio dei minori furono pronte. Ampio consenso venne espresso nei riguardi del progetto, anche da parte del Ministero dell'Istruzione e dall'Ufficio Scolastico Regionale dell'Umbria, per un conseguente permesso per motivi di studio.

Nell'estate del 2019, superate le ulteriori formalità, la missionaria Suor Marcella coronò il suo sogno, riuscendo – grazie a un visto turistico di tre mesi, al termine del quale sarebbero dovuti rientrare ad Haiti – a portare in Italia un gruppo di bambini tra gli otto e i dodici anni.

Un sogno! Una magia!

Ventiquattro bambini haitiani giunsero in Italia con un volo generosamente offerto dalla compagnia aerea *Air France*.

L'arrivo in Italia dei piccoli haitiani, accolti dall'inviato di Striscia la notizia, Max Laudadio

Conseguentemente, poiché anche la documentazione dei bambini – esibita all'Ufficio Emigrazione di Perugia per ottenere il successivo permesso di soggiorno della durata di un anno – risultò completa, e poiché aveva ricevuto assicurazioni che non vi sarebbero stati ostacoli per il rilascio, anche se si doveva attendere la scadenza del visto turistico rilasciato in precedenza, Suor Marcella valutò la fattibilità di iscrivere i bambini all'anno scolastico in Italia.

Detto, fatto.

I ragazzi iniziarono così a studiare presso le scuole di Passaggio, Frazione del Comune di Bettona, in provincia di Perugia, circondati dall'affetto della popolazione e degli insegnanti, gente amorevole e perbene. Il gruppo dei piccoli studenti haitiani venne ospitato nel casolare individuato da Suor Marcella, che prese il nome di "Casa Leila".

Il sogno si infrange nelle maglie della burocrazia

Scaduto il visto turistico di tre mesi, come concordato in precedenza, Suor Marcella si recò nuovamente presso l'ufficio preposto. Qui, con rammarico e tanta amarezza, apprese che avrebbe potuto ottenere il permesso di soggiorno per motivi di studio solo dopo aver ricevuto l'autenticazione della documentazione da parte dell'Ambasciata Italiana in Haiti, che a quel tempo era del tutto inesistente.

Da quel momento, svariati gravi problemi sopraggiunsero. Il visto turistico dei bambini era scaduto e, invece di ricevere i permessi di soggiorno per motivi di studio, questi si trovarono risucchiati nel sistema della burocrazia e delle scartoffie italiane. Erano improvvisamente diventati "minori non accompagnati" da sistemare in altre famiglie: per il Tribunale, i bambini non erano in regola, e andavano quindi dati in affido o in adozione.

Neppure l'Atto di Affido dei ragazzi a Suor Marcella venne riconosciuto, benché all'interno del passaporto di ogni ragazzo era stato inserito il nome della Suora, in quanto a Lei affidati dal Governo di Haiti. E pensare che le autorità haitiane, compreso il Ministero degli Affari Sociali, non solo avevano approvato il progetto, ma li avevano aiutati e incentivati a partire il prima possibile, speranzosi anch'essi di un futuro migliore per quei ragazzi. Non riesco a pensare quale debba esser stata la reazione delle autorità caraibiche, a seguito di quel drammatico e, per certi versi, incomprensibile diniego da parte di uno Stato che faceva di tutto per apparire ospitale e multietnico.

Avrebbe potuto essere una bella storia di inclusione!

Invece, Suor Marcella si vide costretta a fronteggiare una serie di enormi difficoltà che la costrinsero a girovagare tra avvocati, uffici di Tribunale Minorile di Perugia e di Spoleto, uffici del comune, servizi sociali e tutori legali. Un vero incubo che la volle imbrigliata nell'implacabile burocrazia del Paese.

E mentre tutti i piccoli stavano già imparando ad esprimersi in lingua italiana, all'improvviso, Suor Marcella non era più nessuno, la parola del Governo di Haiti non valeva più nulla. Il superiore interesse di tutela dei minori minacciava di soverchiare tutto, compreso il fatto molto concreto che alcuni di quei bambini, un familiare, a Port-au-Prince, l'avevano.

«L'esperienza più brutta della mia vita», non poté fare a meno di dichiarare la missionaria.

Meglio l'inferno di Haiti,
che la burocrazia italiana

«Lasciateci tornare a casa!» Questo, l'accorato appello di Suor Marcella alle Autorità.

D'altronde, col primo e minaccioso Decreto di Adozione, intravide all'orizzonte il reale rischio che i ragazzi potessero essere sottratti alla sua tutela e dati in adozione o in affido, in quanto per la legge italiana erano divenuti, come già detto, minori non accompagnati.

Allo stesso tempo, della vicenda dei bambini della comunità *Kay Pè Giuss* giunti a Cannara, si occupava una parte della stampa locale e nazionale, tanto da essere ricevuti da Papa Francesco e ospitati in RAI, nella trasmissione condotta da Carlo Conti.

Furono suscitate anche la curiosità e l'interesse della trasmissione televisiva *Striscia la Notizia*, che intervenne con il noto inviato Max Laudadio, colui che già una prima volta li aveva incontrati a Fiumicino, quando erano appena giunti in Italia con un volo da Haiti. Nella circostanza, si evidenziò vanamente la controversa vicenda di Suor Marcella Catozza e dei suoi piccoli, affidati a lei dalle autorità caraibiche.

Nel mese di ottobre del 2020, Casa Leila chiuse i battenti e Suor Marcella fece di tutto per ripartire il prima possibile, consapevole che ad Haiti la guerriglia urbana stesse uccidendo con ferocia, senza dare tregua e scampo a ragazzini allo sbando e alla mercé della criminalità e della miseria.

Piaghe dolorose, in uno dei Paesi più disgraziati del pianeta, ma paradossalmente, forse, meno drammatico della farraginosa burocrazia che rischiava di far finire in affido o in adozione i piccoli haitiani, infliggendo un'ulteriore condizione di sofferenza a quei poveri e sfortunati bambini, che sarebbero così stati strappati al loro Paese e ai pochi familiari.

La grande opportunità che aveva riacceso la speranza di una vita normale, per un piccolo gruppo di bambini e famiglie della Casa di Accoglienza *Kay Pè Giuss*, con la finalità di diventare anche un progetto di studio molto interessante, venne dunque bruscamente interrotta. Una bella e impensabile storia per bambini nati e cresciuti in una discarica del Terzo Mondo che li vide, infine, costretti a far ritorno a quello stesso luogo.

Suor Marcella lo aveva definito «Progetto educativo nella terra di Francesco», perché Casa Lelia, ovvero il luogo dove i bambini haitiani avevano fatto base con la missionaria, frequentando per un anno le scuole italiane (incluso il periodo del *lockdown* dovuto alla pandemia da Covid-19), si trovava nel Comune di Cannara, a pochi chilometri da Assisi. Un simile progetto sarebbe risultato impossibile ad Haiti, per via dell'enorme analfabetismo diffuso nel Paese, con bambini delle elementari che si ritrovano in classe con compagni quindicenni o diciottenni.

Suor Marcella con i suoi ragazzini haitiani, pronti per recarsi a scuola
(serv. Pietro Piccinini del 27 ottobre 2020).

Spenta la speranza di luce per i piccoli haitiani

Pertanto, dopo una bella esperienza di oltre un anno e mezzo, tutti i minori fecero ritorno ad Haiti, nelle *bidonville* di Port-au-Prince. Il sogno del "non popolo" del *Vilaj Italyen* si infrangeva nello scoglio della giustizia italiana.

Per quei poveri ragazzi, costretti a rivivere la drammatica, povera e violenta Waf Jeremie, e per altri sfortunati bambini, restava la viva speranza che, prima possibile, si potesse aprire un corridoio umanitario e che potessero così far ritorno in Italia e frequentare l'intero anno scolastico.

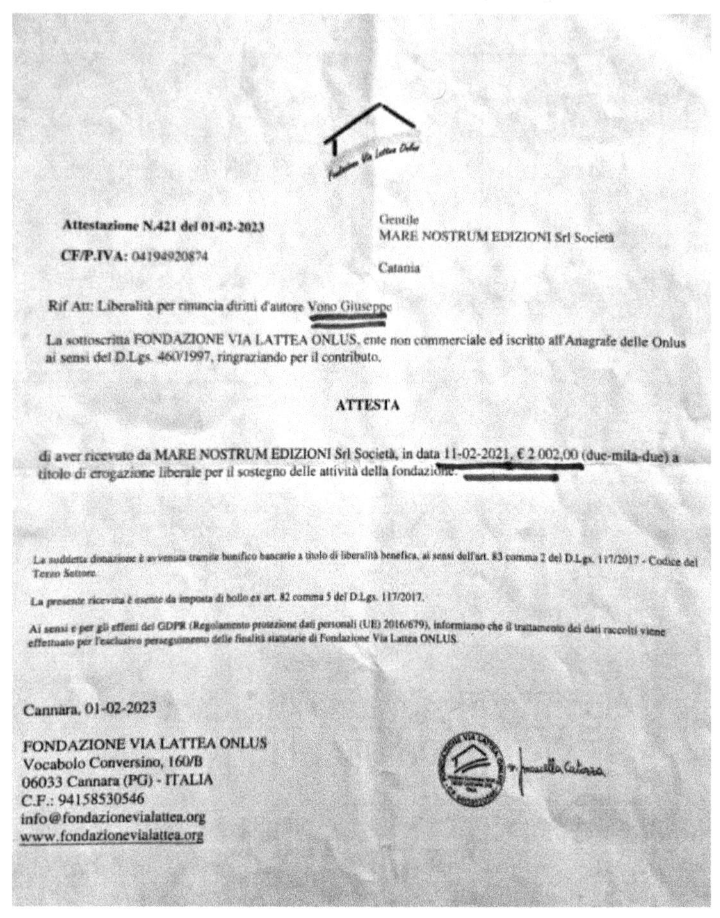

Quanto da me devoluto alla Fondazione Via Lattea Onlus-

Quanto a me, il desiderio di aiutare l'ammirevole opera della suora francescana si faceva sempre più pressante. Ero più che convinto del suo reale e fattivo impegno, rivolto al bene di tutti quei poveri e sfortunati bambini. Pertanto, cogliendo l'occasione della pubblicazione del mio primo libro, dal titolo *I Falchi nella Catania Fuorilegge*, decidevo di devolvere parte dell'incasso alla Fondazione Via Lattea Onlus, facente riferimento a Suor Marcella.

Secondo i dati dell'ONU, già nel 2020 il numero dei rapimenti nel paese caraibico era triplicato rispetto all'anno precedente, arrivando a un totale di duecentotrentaquattro casi. La linea rossa venne oltrepassata l'11 aprile del 2021, nei pressi della capitale, quando ignoti malviventi rapirono undici missionari (cinque sacerdoti, due suore e quattro laici). Il sequestro avvenne mentre questi si stavano recando alla messa, a Croix-des-Bouquets, pericoloso borgo poco distante da Port-au-Prince. I rapitori chiesero un riscatto di un milione di dollari, del quale non è mai stato confermato il pagamento.

Il sequestro indusse alle dimissioni il ministro in carica, Joseph Jouthe, con conseguente nomina di un sostituto, Claude Joseph. La zona che lo aveva visto accadere era un territorio sotto il controllo delle bande criminali denominate *400 Mawozo* e *Base Non Chabo*, affiliate alla Federazione *G9 Family and Allies*, il cui "capobastone", come già ribadito, veniva indicato nel pericoloso Jimmy Cherizier, cinquantenne noto come *Barbecue* ed ex Agente della Polizia haitiana, il quale aveva anche minacciato un colpo di Stato.

*L'ex poliziotto Jimmy Cherizier (a sinistra) e alcuni suoi seguaci armati,
che scorrazzano impunemente per il paese caraibico*

Tre dei rapiti furono liberati il successivo 22 aprile, mentre gli altri rimasero prigionieri dei banditi per altri giorni.

La situazione di degrado e insicurezza, ad Haiti, era palpabile e peggiorava di giorno in giorno. Le scorribande e i sequestri lampo dei criminali continuavano a terrorizzare la popolazione.

Haiti: Liberato Vanni Calì, l'incubo durato tre settimane

Il seguente 1° giugno, l'industriale settantaquattrenne catanese Giovanni (detto Vanni) Calì, fu sequestrato proprio alle porte della capitale caraibica, nel già indicato e pericoloso borgo di Croix-des-Bouquets, mentre era impegnato nella direzione di un cantiere, per la costruzione di una strada.

L'incubo durò per ventidue giorni.

Nessun riscontro che confermi il pagamento del riscatto per la liberazione del professionista italiano. I sospetti sarebbero ricaduti ancora una volta sulle agguerrite e violente bande criminali dei *400 Mawozo* e *Base Non Chabo*, notoriamente affiliati alla soprariportata federazione *G9 Family And Allies*.

Assassinato Jovenel Moise, Capo del Governo di Haiti

La notte del 7 luglio dello stesso 2021, l'agghiacciante assassinio del Capo del Governo haitiano alla guida del Partito *Tèt Kale*, Jovenel Moise, nato a Trou-du-Nord di Haiti nel 1968.

Secondo alcune fonti, prive di riscontro, Jovenel Moise sarebbe stato ucciso da un commando armato di oltre quindici mercenari colombiani all'interno della sua residenza, ubicata nel cuore di Pétionville, a pochi chilometri dalla capitale Port-au-Prince. Nella circostanza, rimase gravemente ferita anche la moglie, Martine. Data per morta, in un primo momento, dai media locali, la donna venne prontamente trasferita a Miami per ricevere le cure appropriate.

Capo del Governo per decreto dal 2018, figlio di famiglia umile, nel 2019 Jovenel Moise era stato fortemente contestato da un'imponente protesta sociale, per l'elevata corruzione e il peggioramento delle condizioni di vita degli haitiani. Non certamente amato dalla maggioranza di questi ultimi, fu sospettato di essere molto amico di personaggi malavitosi, in particolare dell'ex poliziotto-mafioso Jimmy Cherizier, a capo della federazione criminale *G9 Family And Allies*, che insanguinava gran parte delle strade del Paese con le numerose stragi e violenze.

*Jovenel Moise, Capo del Governo di Haiti,
ucciso nella sua residenza*

Chi e perché abbia voluto la morte del Capo del Governo haitiano non è ancora del tutto chiaro. In molti sono propensi ad affermare che si sia trattato di una "congiura di palazzo".

A seguito dell'efferato e gravissimo omicidio, il ministro Claude Joseph venne nominato Presidente ad Interim fino al 20 luglio 2021, quando cedette il posto al Presidente Ariel Henry, che dichiarò lo Stato d'Assedio. Questo prevedeva drastiche misure, con limitazioni di movimento e comunicazioni. Anche la confinante Repubblica Dominicana chiudeva i confini con Haiti.

Nonostante ciò, le bande criminali riuscirono ad assumere il controllo quasi totale del paese caraibico e le autorità dimostrarono, di fatto, impotenza. La popolazione rimaneva ostaggio della violenza, della fame, dell'incertezza e dalle catastrofiche tematiche.

La settimana precedente (tra la notte del 29 e il 30 giugno 2021) si era registrata una vera e drammatica strage nel quartiere Christ-Roi, alle porte di Port-au-Prince, con un bilancio letale di oltre quindici morti. Tra le vittime, Diego Charles, giornalista di *Radio Duemila*, e l'attivista per i diritti umani Marie Antoinette Duclaire, entrambi trentatreenni e uccisi a colpi di mitra mentre viaggiavano a bordo di un'auto. Altri gruppi di sicari, a bordo di alcune moto, spararono sulla folla.

Entrambe le vittime sopramenzionate facevano parte di un'organizzazione a difesa dei più disagiati. In seguito, si apprendeva informalmente che quasi tutte le altre vittime, rimaste uccise tra il 29 e il 30 giugno, potessero essere collegate, in un modo o nell'altro, tra di loro e all'organizzazione gestita da Duclaire e Charles.

Nonostante ciò, l'uccisione di Marie Antoinette Duclaire e Diego Charles, come pure quella di tutte le altre vittime della strage, passò inosservata, tra il silenzio quasi generale dei media.

Haiti, un Paese con una lunga storia di dittatura che ha ostacolato l'evolversi della democrazia.

Il costituirsi delle bande armate non è un fenomeno recente: queste hanno avuto un ruolo determinante nella vita politica di Haiti sin dagli anni Cinquanta. Le radici della disastrosa crisi economica risalirebbero addirittura al periodo coloniale e all'indipendenza dalla Francia.

Qui, il guadagno giornaliero di un haitiano medio è di circa quattro dollari al giorno. La violenza non trova nessun ostacolo e prosegue, seminando terrore e orrore tra la popolazione più povera e disperata dell'Emisfero.

Ancora terremoto e disperazione ad Haiti

Il nuovo e devastante terremoto terrorizzò tutti, poiché restava ancora impresso nella memoria degli abitanti quello catastrofico verificatosi il 12 gennaio 2010, che aveva causato oltre 230 mila morti.

Il più recente, del 15 agosto 2021, benché della stessa intensità (magnitudo 7.2), fu fortunatamente meno tragico e devastante. Oltre trecento morti, milleottocento feriti e numerosi dispersi in tutto il territorio colpito, soprattutto nell'area meridionale e occidentale.

L'epicentro si manifestò a circa centocinquanta chilometri dalla

Quartieri alla mercé della povertà, dove ognuno vende quello che non ha.
(Foto di Lucia Capuzzi).

Missione *Kay Pè Giuss*, causando a quest'ultima solo danni alle strutture e, per fortuna, nessuno ai volontari e ai pochi bambini della scuola materna presenti, grazie anche al fatto che molti di loro si trovassero in vacanza, al tempo dei fatti.

Gli aiuti umanitari incontrarono grosse difficoltà per raggiungere le zone interessate, a causa dei banditi che bloccavano le strade principali di accesso. Gli stessi criminali ebbero anche la sfrontatezza di richiedere al Governo, già debole, circa centomila dollari per lasciar passare i convogli di viveri.

Il successivo 7 settembre dello stesso 2021, Padre André Sylvestre, settant'anni, parroco di Nostro Signore della Misericordia di Rabillard, venne assassinato a Cap-Haïtien, seconda Città di Haiti, in cui l'uomo assisteva gli orfani. Due assassini a bordo di una moto attesero che lo stesso uscisse dalla banca e, dopo averlo affiancato, gli spararono contro alcuni colpi di pistola nel tentativo di sottrargli il borsello, contenente quanto aveva appena ritirato. Non riuscirono nel loro intento per via dell'intervento della folla, avvicinatasi attorno al sacerdote.

Giunto all'ospedale, l'uomo morì.

Quell'ennesimo delitto fu il segnale del dramma ulteriore che il Paese stava vivendo, totalmente fuori controllo. I preti e le suore, che erano sempre stati considerati benefattori degli ultimi e, dunque, "intoccabili", erano adesso diventati facile bersaglio delle bande criminali. L'uccisione di Padre André, molto amato a Cap-Haïtien, ebbe un forte impatto sull'opinione pubblica. Una vita, dedicata ai giovani orfani e ai poveri, spezzata.

A conferma ulteriore che i religiosi, oggi, non siano più intoccabili, il successivo 16 ottobre 2021, un gruppo di criminali armati eseguì un altro mega-sequestro (5 uomini, 7 donne e 5 bambini). Tutti religiosi statunitensi, unitamente ad alcuni familiari, che furono bloccati mentre uscivano da un orfanotrofio a bordo di un pulmino, alle porte della capitale haitiana.

I sequestri, le violenze, le scorribande e anche gli stupri presero a crescere esponenzialmente, a partire da quel gennaio. Un dato parziale, poiché la maggior parte dei rapimenti, in genere lampo, non venivano denunciati.

Dopo l'assassinio del Capo del Governo Jovenel Moise, il 7 luglio precedente, il Paese era rimasto quasi del tutto nelle mani dei "signori della guerra dei poveri", e cioè della potente e famigerate federazioni *G9 Family And Allies*.

Povertà, caos e violenza armata

Nei primi mesi del 2022, lo Stato haitiano era totalmente assente, se non del tutto fallito; inerme, di fronte alla catastrofica situazione creata dallo strapotere della predetta organizzazione criminale. Tale potere ricattatorio, infatti, si era maggiormente consolidato – soprattutto quello dell'ex poliziotto Jimmy Cherizier – dopo aver sequestrato oltre venticinquemila tonnellate di gasolio e portato il Paese a una crisi energetica.

A far precipitare maggiormente le condizioni di sicurezza, negli ultimi tempi, era stato il deterioramento degli equilibri in seno alla predetta federazione criminale. Pertanto, il numeroso gruppo facente riferimento a *La Saline* si separava dalla federazione, creando una seconda e potente organizzazione criminale autonoma, entrando da subito in conflitto con gli ex alleati per il controllo dei territori dell'ex "Perla dei Caraibi", fronteggiandosi a colpi d'arma da fuoco e lasciando per terra una lunga scia di sangue.

La situazione era dunque diventata sempre più tragica, ma nel totale silenzio dei media occidentali che, dopo aver dato un po' di visibilità il precedente 7 luglio, quando oltre quindici mercenari colombiani avevano ucciso il Presidente Jovenel Moise e il nuovo sisma aveva causato migliaia di vittime, tacevano e tacciono ancora oggi sull'ultima drammatica emergenza. Scrivono della squadra di calcio e della sua partecipazione alla *Gold Cup 2024*, dell'ultimo cantante haitiano che spopola negli Stati Uniti, delle *influencer*, ma accennano appena ai voli organizzati verso il Nicaragua per permettere alla gente di lasciare il Paese, alla fuga dei medici sotto lo spettro dei rapimenti, alla corruzione che impera in tutto il territorio.

Notizie brevi, rapide, che potrebbero passare inosservate. La verità fa paura. I giornalisti di Haiti hanno spesso pagato con la vita il proprio mestiere: il più famoso dei quali, Jean Dominique, si oppose al regime per anni. La sua vita è diventata un film, *The Agronomist*, da vedere anche per meglio conoscere Haiti.

Inascoltata anche la Conferenza episcopale haitiana dello scorso febbraio, che ha lanciato un accorato appello per fermare la violenza in corso.

Il popolo si organizza in una «Milizia di Autodifesa»

La popolazione si ribella e decide di farsi giustizia da sola.

Da diversi anni, la situazione nell'isola caraibica è sempre più immersa nell'inferno. In quarantamila, asserragliati nello stadio per cercare rifugio dalla furia delle *gang* criminali, la popolazione è stanca di stupri, rapimenti, torture e omicidi, e si ribella decidendo di farsi giustizia da sola.

È così che nasce la Milizia di Autodifesa, che giustizia a colpi di machete alcuni banditi.

Da vittime a carnefici, esecuzioni sommarie, corpi fatti a pezzi o bruciati. I poliziotti, disorientati e in gran parte corrotti, non sono in grado di garantire un minimo di sicurezza, sono pagati poco e raramente, rischiano la vita ogni momento.

Di conseguenza, molti finiscono nei ranghi delle *gang* che ormai spadroneggiano nei territori.

L'attenzione dell'ONU su Haiti

All'inizio del mese di maggio 2022, l'ONU ha diramato un duro comunicato per denunciare l'ultima "moda" delle *gang* criminali e, cioè, quella del reclutamento dei bambini, usati come carne da macello.

Un'attenzione che, tuttavia, per diverso tempo, non ha portato ad alcun fatto concreto.

Si è parlato anche di una missione militare, coinvolgendo alcune Nazioni: Stati Uniti e Messico sono stati i primi a aderire; Canada e Brasile hanno valutato la possibilità di sostenere Haiti con la presenza armata. Pesa il rischio di veto di Cina e Russia, che hanno chiesto la revoca delle sanzioni alla Russia.

A fine maggio dello stesso anno, anche le Nazioni Unite, per tramite dell'Alto Commissario Michelle Bachelet, hanno manifestato preoccupazione per il reclutamento dei minori: una delle più gravi violazioni dei diritti dell'infanzia.

In attesa delle decisioni dei "grandi", le violenze sono proseguite.

Uccisa Suor Luisa Dell'Orto

Uccisa Suor Luisa Dell'Orto, per tutti Seur Luisa.
Una vita dedicata ai bambini di strada.

Anche di fronte alla più recente tragedia, ossia l'uccisione della suora Luisa Dell'Orto, avvenuta il 25 giugno 2022 alle porte di Port-au-Prince, dove era missionaria da oltre vent'anni, Suor Marcella Catozza e tanti altri anonimi che dedicano la loro esistenza ad aiutare i più deboli non hanno ceduto alle paure e agli sconforti, proseguendo tra mille difficoltà l'encomiabile opera, guidati solamente da una grande e ferrea fede in Dio e verso il bene degli ultimi.

Relativamente all'uccisione della povera suora Dell'Orto, nonostante fosse stata diffusa la notizia della rapina, è opinione dei familiari e di tanti altri che si fosse trattato di un vero e proprio agguato, ovvero un omicidio su commissione. Ciò fu avvalorato dal fatto che gli assassini non avessero asportato nulla, e dal fatto che la stessa, in passato, avesse subito numerose e gravissime minacce.

La suora, dopo essere stata appositamente tamponata, mentre si trovava all'interno della sua auto, da un'altra autovettura, si vide affiancata da tre criminali che gli esplosero contro alcuni colpi d'arma da fuoco, ferendola gravemente.

Trasportata d'urgenza all'ospedale Barnard Mevs, si spense poco dopo.

Papa Francesco volle ricordarla al termine dell'Angelus: «Desidero esprimere la mia vicinanza ai familiari e alle consorelle di Suor Luisa Dell'Orto, piccola Sorella del Vangelo di Charles de Foucauld».

Suor Luisa nacque sessantacinque anni fa nel piccolo paesino di Lomagna, in Provincia di Lecco. Missionaria ad Haiti dal 2002 e colonna portante della comunità *Kay Chal* (Casa di Carlo), sorta anche questa in un sobborgo poverissimo di Port-au-Prince, costruita grazie ai fondi raccolti da Caritas Italiana (CEI) e animata da volontari che accudiscono centinaia di bambini.

A questo esercito di *baby* schiavi, la missionaria *Seur* Luisa, come la chiamavano, ha dedicato la sua vita. Una vera istituzione.

Suor Marcella ha definito la morte della donna una vera tragedia. Era, infatti, diventata nel tempo una sua grande amica.

Haiti: ricatti e violenze
su volontari e bambini

Per l'ennesima volta, i banditi fecero irruzione all'interno della *Kay Pè Giuss*, questa volta, però, ancora più spregiudicati e spavaldi. Alcuni di essi, dopo essersi seduti accanto ai piccoli, si rivolsero a Suor Marcella, minacciandola: «Hai 24 ore, suora, o questi non li rivedi più».

Come più volte evidenziato, non era la prima volta che i banditi facevano irruzione pretendendo soldi e viveri, ma in quella circostanza Suor Marcella temette per l'incolumità dei suoi piccoli. Dovette cedere alle richieste dei malviventi armati, consegnando loro tutto ciò che restava nella Missione e che sarebbe servito per il sostentamento degli orfanelli e dei pochi volontari: alimenti di ogni genere, del denaro.

La presenza di Suor Marcella, negli ultimi tempi, si era indebolita: gli occhi delle bande armate erano sulla Casa di Accoglienza *Kay Pè Giuss*. Nelle favelas della baraccopoli di Waf Jeremie erano scoppiate violente rivolte per mano delle numerose bande armate, soprattutto per la scissione tra il clan *La Saline* e la federazione *G9 Family And Allies*, che soffocavano con il loro controllo l'intero agglomerato urbano.

Una violenza inaudita, che non risparmiava niente e nessuno, investendo inevitabilmente la missione di Suor Marcella. Più volte, come già ribadito, i banditi fecero irruzione, impadronendosi di quel poco di viveri, ma anche dei medicinali, dei mobili e quant'altro – senza contare le aggressioni violente e le minacce a carico dei volontari.

Haiti non era sicura e non aveva futuro.

In quello scenario disperato, Suor Marcella, consapevole e preoccupata nel vedere come tutto stesse precipitando, prima di allontanarsi dalla *Kay Pè Giuss* cercò di mettere al sicuro più bambini possibile, chiedendo aiuto ai missionari Camilliani sostenuti a loro volta dalla Fondazione "L'Albero della Vita".

Molti orfanelli vennero trasferiti in nuove strutture, mentre altri furono riportati nelle loro case d'origine, in cui era presente un loro congiunto, senza mai cessare d'essere attenzionati dai volontari. Una decisione dolorosa ma necessaria, affinché nessuno dei bambini facesse la fine dei sempre più numerosi piccoli rapiti, abusati o ammazzati nel quartiere: quella dei maschi più grandicelli, prelevati dai banditi per essere reclutati nelle loro fila; quella delle femminucce, abusate da criminali senza scrupoli.

Sei italiana e sai cos'è la mafia!

Nonostante la sua forte determinazione e dopo innumerevoli ricatti, violenze, sacrifici, rinunce e continui gravi minacce, nel mese di agosto 2022, Suor Marcella venne indotta ad allontanarsi dalla *bidonville* di Waf Jeremie e rientrare in Italia. La decisione fu adottata superiormente per tutelare la sua incolumità e soprattutto quella dei bambini.

Nei successivi mesi le venne vivamente consigliato di non far ritorno in quei luoghi. Uno dei capi clan le telefonò, minacciando di tagliarle la testa se non fosse tornata con diecimila dollari: «Non tornare più... sei italiana e sai cos'è la mafia!».

La minaccia fu considerata molto seria, anche perché, come riportato in precedenza, si erano già verificati numerosi e gravissimi fatti di sangue, l'ultimo solo due mesi prima, con l'uccisione dell'amica Suor Luisa.

Anche il Nunzio Apostolico le ribadì vivamente di rinviare il suo ritorno in Haiti. Il bollettino di settembre 2022 fu di sei morti all'entrata di Waf Jeremie.

L'orfanotrofio *Kay Pè Giuss*, gestito dai volontari locali e da alcuni familiari dei bambini, rischiò di essere distrutto, ritrovandosi quasi del tutto nelle mani della criminalità. «Ho dovuto accettare di non ritornare ad Haiti. Accompagno e aiuto da qui, il dramma di questo popolo», raccontò Suor Marcella.

L'instancabile e coraggiosa suora tenne molto a far conoscere la vera natura della sua decisione: «Non sono andata via per paura... ma perché non possiamo reggere continue minacce, aggressioni e richieste economiche».

Tra l'altro, la drammatica situazione e il suo ritorno ad Haiti avrebbero messo a rischio maggiormente anche i bambini e gli educatori. Col suo allontanamento, si sperò sempre più che potesse allentarsi l'attenzione delle bande criminali verso la struttura *Kay Pè Giuss*. Suor Marcella assicurò che dall'Italia avrebbe continuato lo stesso ad occuparsi di loro, inviando, per quanto possibile, il sostegno necessario.

Per Suor Marcella, la speranza di poter far ritorno rimaneva una priorità, benché consapevole del grave pericolo esistente. I banditi, per meglio controllare la zona attorno al Villaggio Waf Jeremie, avevano scavato delle vere e proprie trincee, utilizzando delle ruspe e bloccando alla missionaria l'accesso al proprio alloggio.

Negli ultimi mesi del 2022, la situazione peggiorò drammaticamente. Le scuole, quasi tutte chiuse, impedivano a oltre venticinquemila studenti di frequentarle; stessa sorte per gli ospedali.

La gente si affacciava la mattina per capire se potesse uscire o fosse meglio restare rintanata nella propria baraccopoli, sperando che i banditi della zona la difendessero dagli assalti dei gruppi nemici. Le bande di criminali imperversavano e, dove c'erano stranieri, irrompevano sperando di trovare denaro. Una tragedia umanitaria di dimensioni spropositate, dove giorno dopo giorno si consumava ogni tipo di violenza.

Mancavano i beni di prima necessità: i depositi di alimenti della *Kay Pè Giuss* e di altre comunità, come già detto, erano stati ripetutamente presi d'assalto dai banditi, che avevano asportato quantitativi di viveri (riso, olio, fagioli, mais e quant'altro), elementi fondamentali nella cucina haitiana, destinati ai numerosi bambini impegnati a studiare per raggiungere una basilare istruzione. Tutto questo minava fortemente il loro futuro.

I pochi ospedali funzionavano a fatica e altrettanto faticoso era il reperimento delle medicine. Il diesel era raro e molte delle pompe di benzina erano state distrutte.

Nonostante ciò, alla *Kay Pè Giuss* la lotta per la sopravvivenza continuava. Nella fatica e difficoltà quotidiana degli educatori, la scuola materna, con i bambini rimasti, proseguiva la sua opera fornendo, quando in grado, istruzione e due pasti al giorno.

Qualcuno, dopo diversi anni, preferì andar via: come Safìra, infermiera per oltre dieci anni alla comunità *Kay Pè Giuss*, al fianco di Suor Marcella. Dopo essere stata aggredita, picchiata e derubata, cedette: «Sorella, non ce la faccio più. Scusami!».

Sorprendentemente e come sperato da Suor Marcella, con il suo allontanamento i signori della guerra dei disperati, non si fecero più vivi per minacciare, depredare e ricattare all'interno della *Kay Pè Giuss*. Non essendoci più una Suora bianca, c'era ben poco da ricattare.

Haiti sotto scacco di violenze
e soprusi delle *gang*

Mentre all'interno della Casa di Accoglienza *Kay Pè Giuss* l'attenzione e le incursioni dei banditi si erano attenuate, l'inferno si scatenò e si estese anche ad altre zone periferiche dell'isola caraibica, sino a poco tempo addietro tralasciate dalle bande criminali che, come detto, si erano quasi tutte riversate e concentrate nel circondario della capitale Port-au-Prince.

Di conseguenza, anche le zone inizialmente meno attenzionate dalle bande, come Carrefour, Feuilles, Pétionville, Solino e Tabarre, vennero prese d'assalto e invase dalle nascenti organizzazioni criminali, che uccidono, aggrediscono, minacciano e saccheggiano gran parte della popolazione senza pietà. La proliferazione maggiore si verificò dopo l'uccisione, tramite avvelenamento, del boss del clan *La Saline*. Stessa sorte fu poi riservata al successore.

Una delle più recenti e spregiudicate bande criminali, denominata *Renel Ravine*, ha stabilito le sue roccaforti proprio nelle predette zone di Carrefour e Feuilles. Questa sarebbe guidata dal bandito Renel Destina, conosciuto con lo pseudonimo di *Ti Lapli*, ricercato dalle autorità statunitensi perché coinvolto nel sequestrato di alcuni cittadini americani. Viene indicato, altresì, dalle autorità quale responsabile di numerosi omicidi, aggressioni e razzie nelle abitazioni, sequestri e violenze di ogni genere.

Le numerose escursioni di questi feroci criminali hanno costretto intere famiglie ad abbandonare le proprie case, trovando rifugio all'interno di chiese, comunità e scuole. Si calcola che in tutto il paese caraibico, oltre tremila persone siano in fuga dalle proprie abitazioni, per sottrarsi alle violenze delle bande.

Oltre tremila persone in fuga dalle proprie abitazioni,
per sottrarsi alle violenze delle bande.

Il Paese è sempre più fuori controllo.

La notte tra giovedì e venerdì 7 luglio 2023, un nutrito gruppo criminale armato, fece irruzione all'interno dell'Ospedale di Medici senza Frontiere di Tabarre, piccolo e povero centro alle porte di Port-au-Prince, portando via un giovane operato da poco, in quanto gravemente ferito da alcuni colpi d'arma da fuoco.

E ancora, il successivo 27 luglio 2023, all'interno di una clinica situata al centro della capitale, un altro gruppo criminale armato, alla presenza di numerosi pazienti, fece irruzione, sequestrando l'infermiera americana Alix Dorsainvil unitamente alla figlia minore. Le stesse sono state rilasciate due settimane più tardi. Ignoto il movente, come pure non si sconosce l'eventuale ammontare del riscatto.

In questo scenario disperato, tralasciando le controversie del passato, il primo ministro e presidente haitiano Ariel Henry (succeduto a Jovenel Moise dopo il suo assassinio) si rivolse all'ONU per ottenere aiuto.

Siamo al termine del mese di luglio 2023.

Nairobi, capitale del Kenya, annunciava, dopo circa due anni, di essere disponibile a guidare una forza internazionale, mettendo a disposizione circa mille soldati. Nel successivo mese di agosto, gli Stati Uniti dichiaravano pubblicamente che avrebbero presentato una risoluzione al Consiglio di Sicurezza ONU, per autorizzare il Kenya a guidare una Forza di Polizia Multinazionale e tentare di ripristinare l'ordine nell'isola caraibica.

In questa drammatica *escalation* criminale, anche l'UNICEF fece sentire la propria voce, per tramite del suo rappresentante in Haiti, Bruno Maes, affermando che tra luglio e settembre dello stesso anno gli omicidi ammontassero a milleduecentotrentanove, rispetto ai cinquecentosettantasette dello stesso periodo dell'anno precedente; mentre i sequestri noti, da gennaio a giugno 2023, erano di mille e quattordici.

Centinaia le violenze ai diritti dei bambini e delle persone in genere.

Nonostante i vari proclami da parte dei "potenti del mondo", l'estrema violenza delle feroci bande criminali dei Caraibi colpì ancora e in modo cruento, seminando sangue e terrore tra la popolazione. Infatti, nel mese di ottobre 2023, un gruppo di criminali fece esplodere diversi colpi d'arma da fuoco all'indirizzo di un minibus del trasporto pubblico. Tre occupanti rimasero uccisi e altri sei gravemente feriti. I responsabili di questa ulteriore e drammatica carneficina apparterrebbero all'ennesima, nuova *gang* di assassini, denominata *Baz Gran Grif*.

Approvata «Missione Internazionale» per Haiti

Dando seguito alle dichiarazioni esternate dagli Stati Uniti, il Consiglio di Sicurezza delle Nazioni Unite, riunitosi a New York nei primi giorni del mese di ottobre 2023, ha approvato finalmente la missione di sicurezza della durata di un anno, finalizzata ad aiutare il Paese haitiano nel contrastare la crescente violenza.

La missione, composta da una Forza Internazionale formata da oltre dieci Paesi, è guidata dal Kenya, che aveva già fornito la propria disponibilità, confermando l'invio di oltre mille dei suoi militari. Tra i partecipanti, anche la Giamaica, le Barbados, Antigua e Barbuda, insieme ai già citati Canada, Messico e Brasile.

Previsto il presidio e controllo di aeroporti, porti, scuole, ospedali, nonché le vie di accesso e uscite principali del Paese. La Forza Internazionale dovrà collaborare con la Polizia haitiana nelle operazioni mirate e finalizzate a creare le condizioni ideali per poter svolgere nuove elezioni.

Apparsa la notizia della decisione dell'ONU, l'ex poliziotto mafioso Jimmy Cherizier, alias *Barbecue*, alla guida della più agguerrita federazione criminale del paese caraibico, la menzionata *G9 Family And Allies*, ha lanciato a sua volta un avvertimento minaccioso ai Paesi stranieri: «Non mettete piede ad Haiti!»

Repubblica Dominicana:
la nuova speranza

Mentre le Nazioni Unite studiavano una soluzione al dramma vissuto dal paese caraibico, Suor Marcella partiva per raggiungere la Repubblica Dominicana. Era il 29 ottobre 2023 e quest'ultima era attesa dall'Arcivescovo di Santo Domingo, con l'aiuto del quale sperava di riuscire ad ottenere i necessari permessi per un nuovo progetto: la creazione di una nuova Casa di Accoglienza, attraverso cui poter strappare quei poveri bambini, senza speranza e futuro, dall'inferno della baraccopoli di Waf Jeremie, ad Haiti, per condurli nella migliore e più tranquilla Repubblica Dominicana.

La realtà, ad ogni modo, si presentò molto complicata, se non drammatica, poiché i rapporti tra Haiti e la Repubblica Dominicana, da sempre difficili, negli ultimi due anni sono persino degenerati: vecchi rancori dovuti a un tentativo da parte degli haitiani di invadere, conquistare la Repubblica Dominicana e unificare l'isola, risalenti al 1844, quando oltre trentamila soldati haitiani attraversarono il confine e, dopo una lunga battaglia, vennero respinti nella loro terra.

I dominicani non hanno mai perdonato agli haitiani quello che fu considerato un tradimento a tutti gli effetti.

Anche oggi, quello stesso Rio Massacr, fiume al confine dei due Paesi, è fonte di pesanti scontri, a causa della costruzione di un muro di frontiera. Gli haitiani hanno provato a deviare il corso del fiume, costruendo un canale per irrigare le loro terre, oltrepassando il confine senza però consultare i dominicani. Di conseguenza, questi sono intervenuti con l'esercito, sparando sugli operai che lavoravano al canale. L'ulteriore reazione dei dominicani è stata quella di chiudere le frontiere, affamando i piccoli coltivatori che varcavano il confine per vendere i loro prodotti

Alla luce di quanto sopra, non vi era momento storico peggiore per chiedere l'autorizzazione necessaria a far entrare dei bambini haitiani nella Repubblica Dominicana.

Rifiutato il progetto di Suor Marcella

Come prevedibile, le autorità dominicane non ne vollero sapere neppure di ricevere il progetto auspicato da Suor Marcella.

In mezzo alla sofferenza, a consolare l'animo della suora è stata la consapevolezza che la Comunità *Kay Pè Giuss*, da lei creata e gestita per oltre un ventennio, con la sua *equipe*, prosegua autonomamente, con impegno e dedizione, anche senza la sua presenza, dimostrando di poter camminare da sé. Ed è giusto e gratificante lasciare spazio anche a loro. «I semi piantati stanno dando frutti!»

Nel corso di un'intervista risalente all'aprile 2020, alla giornalista Laura Eduati che le chiedeva se avesse paura, Suor Marcella rispondeva: «Se devo avere il controllo sulla mia vita, allora tutto mi intimorisce. Dobbiamo comprendere, invece, che la vita è data per un bene che può risultare avvolto nel mistero. Se crediamo, allora, la vita smette di essere una fatica e smettiamo di voler piegare le circostanze alla nostra volontà».

Natale di sangue a Croix-des-Bouquets

Ancora vani risultarono i primi interventi adottati dalle Nazioni Unite: aggressioni, violenze e soprattutto omicidi, nel territorio haitiano, non registravano segnali positivi.

Il 25 dicembre 2023, giorno del Santo Natale, nel piccolo e pericoloso borgo di Croix-des-Bouquets, alle porte della capitale Port-au-Prince, Dipartimento dell'Ovest, fu una giornata di sangue.

Banditi armati che, impunemente, compiono crimini di ogni genere, agli ordini dell'ex poliziotto Jimmy Cherizier (a destra).

Un gruppo di criminali armati compì l'ennesima strage, sterminando un'intera famiglia di quattro persone, tra cui due bambine che avevano meno di dieci anni. Altri quattro componenti la medesima famiglia vennero sequestrati e rilasciati in seguito.

Madagascar: nuova destinazione per Suor Marcella

Il 10 gennaio 2024, in Busto Arsizio, grosso centro della Provincia di Varese, ho avuto il piacere di incontrare Suor Marcella Catozza e alcuni suoi più stretti collaboratori, tra i quali suo fratello Massimo, Giovanni, Nino di Alcamo, Stefano, Luigi e le rispettive consorti, nonché don Paolo. La missionaria, di lì a poco, unitamente a Nino e Stefano, raggiungeva l'aeroporto di Malpensa, dove un aereo di linea, dopo un volo di oltre nove ore, li avrebbe trasportati sull'Isola del Madagascar, sita al largo della costa meridionale dell'Africa Orientale.

Il pregevole volontario Giovanni, con due piccoli orfanelli

È iniziata così l'ennesima nuova avventura della francescana Suor Marcella, assistita da Nino e Stefano e successivamente raggiunta da Elisabetta e Giovanni.

Durante il nuovo percorso, Suor Marcella è stata accompagnata da Sandra, da molti anni nel Paese malgascio, incontrando anche il salesiano don Rosario Vella, Vescovo del Distretto di Ambanja, nonché le altre comunità ecclesiastiche della Diocesi di Moramanga.

Dopo i convenevoli, intuendo di trovarsi di fronte a una donna decisa e concreta, il Vescovo Vella le ha prospettato da subito vari progetti, proponendole di partecipare all'opera di costruzione di una nuova parrocchia nel Comune rurale di Morarano Gara, con annesse altre opere, quali: una nuova chiesa parrocchiale; la casa dei Padri Redentoristi; scuole (dalla materna al liceo); la casa delle Suore Francescane Angeline, con studentato femminile; il dispensario, con la Casa di Accoglienza per i bambini disabili e quella dei volontari. E ancora, un dispensario sanitario con poliambulatori, in quello che sarà un nuovo ospedale; borse di studio per sostenere gli studi dei bambini e ragazzi della Casa di Accoglienza e dei vari villaggi limitrofi; progetti sanitari, per aiutare e condividere proposte di intervento o di sostegno a specifiche necessità dei bambini della zona.

Haiti: le violenze delle bande proseguono senza sosta

Allo stesso tempo, le notizie giunte dal paese caraibico non furono confortanti.

Infatti, il seguente 18 gennaio, una delle più potenti bande criminali prese d'assalto Solino, quartiere strategico della capitale, costringendo gli abitanti a fuggire dalle loro abitazioni per sottrarsi alle violenze, che tra l'altro si erano già verificate anche in altre località del Paese. Gli scontri a fuoco e i saccheggi durarono per diversi giorni, causando oltre venti morti.

Il giorno successivo, nel cuore della capitale, un altro gruppo criminale bloccò un minibus, sequestrando sei suore della Confraternita di Sant'Anna e l'autista. A chiedere il loro rilascio anche Papa Francesco, il quale lanciò anche un appello affinché cessassero le violenze su quel popolo martoriato.

Il successivo 24 gennaio, i sequestrati furono liberati. Le modalità della loro liberazione non ci sono note, né tantomeno se sia stato pagato un riscatto, dato che, inizialmente, per il loro rilascio, era stata richiesta l'esorbitante somma di tre milioni di dollari.

Il Paese al collasso, la capitale paralizzata da blocchi stradali e sparatorie, la guerra tra le numerose organizzazioni criminali diventata sempre più spietata. Diverse organizzazioni *no profit* hanno già abbandonato il posto a causa dell'*escalation* di violenza. L'ORG denuncia «rischi insostenibili».

Difficile anche rimanere aggiornati sulla situazione terribile che Haiti sta vivendo nel silenzio del mondo, sicuramente impegnato in sfide più globalizzate e globalizzanti. La lenta morte dello Stato di Haiti non fa notizia, come pure tanti altri Paesi del Terzo o Quarto Mondo (Nigeria, Congo, Yemen, Pakistan, Birmania, eccetera), in cui la libertà è calpestata, il silenzio uccide, la solitudine e l'ignoranza definiscono i parametri di vita dei bambini.

Mondi e guerre maledette, scollegate tra loro e scaturite quasi tutte per contrasti etnici e religiosi, conquiste del potere politico, supremazia economica, controllo delle risorse naturali come l'acqua e i minerali, nonché i territori.

Bocciato l'invio dei mille poliziotti keniani ad Haiti

Il 26 gennaio 2024, l'Alta Corte di Nairobi bloccava la decisione del Governo keniano di inviare mille poliziotti ad Haiti, nell'ambito della missione approvata dalle Nazioni Unite per contrastare le violenze delle bande criminali, perché considerata «incostituzionale».

Una pesante e grave battuta d'arresto per l'invio di una Forza Multinazionale nel paese caraibico, dove le violenze hanno causato quasi cinquemila morti solo nel 2023. Un dramma rilevato anche dal rapporto presentato dal segretario generale della Nazioni Unite, António Guterres.

Il Governo ha fatto sapere che presenterà ricorso.

Ad Haiti non si indicono elezioni dal 2016. L'esecutivo del contestatissimo Primo Ministro Ariel Henry, che non ha mantenuto la scadenza del 7 febbraio 2024, data in cui avrebbe dovuto organizzare nuove elezioni. La circostanza ha, di fatto, alimentato la violenta protesta nel paese caraibico.

Accorato appello di Suor Marcella

Alla luce dell'evolversi delle ultime decisioni, Suor Marcella, estremamente addolorata e preoccupata per i suoi centotrentaquattro piccoli haitiani, tramite la Fondazione

Via Lattea Onlus, il 16 febbraio 2024 rilascia un accorato e toccante comunicato:

Port au Prince, 16 febbraio 2024

<u>COMUNICATO URGENTE</u>

Ci rivolgiamo a tutti quelli che si uniranno a noi per aiutarci a salvare i nostri 134 bambini accolti nella kay Pè Giuss, Port au Prince, Haiti.

Nella terribile situazione di violenza che sta sconvolgendo il paese ed in particolare modo la capitale, la nostra casa non è stata risparmiata in questi ultimi mesi ma in queste ore la situazione è diventata particolarmente grave e pericolosa.

Poche ore fa un rappresentante di uno dei gruppi armati che appartiene alla famosa coalizione G9 si è presentato su richiesta dei suoi capi alla Kay e ha ordinato l'immediata evacuazione di tutti i bambini perché la milizia del gruppo occuperà nelle prossime ore la casa, la scuola e la scuola materna.

Ora più che mai i nostri bambini sono in pericolo!

Da anni lamentavamo la situazione ed i rischi. Abbiamo usato tutti i mezzi per convincere vari stati e varie istituzioni ad intervenire ma la risposta è sempre stata soffocata dalla burocrazia.

Ora può essere questione di ore, forse giorni e non sappiamo più a chi rivolgerci per cercare aiuto per i nostri bambini, per i nostri amici, per i nostri figli.

Aiutateci a non tradire la speranza dei nostri bambini.

Suor Marcella e la Fondazione Via Lattea

FONDAZIONE VIA LATTEA
www.fondazionevialattea.org
39-3401259885/3336976987
06033 CANNARA (PG)

Al contempo, avendo a cuore le sorti di quei piccoli sfortunati, prende la decisione di ritornare in Italia dal Madagascar, con l'intento di raggiungere nuovamente la pericolosissima *bidonville* di Waf Jeremie, ben conscia del grave rischio che si prepara ad affrontare:

Ammirevole la sua determinazione e il suo amore verso quei piccoli.

Tuttavia, per il momento, non le è stato consentito di ritornare in quell'inferno in cui incontrerebbe sicuramente la morte.

Timido segnale positivo da parte di un esponente politico italiano

Il 21 febbraio 2024, nel corso del *Question Time*[1] del Ministro dei Rapporti con il Parlamento, la parlamentare varesina Maria Chiara Gadda, vicepresidente del gruppo di *Italia Viva* alla Camera, ha richiesto un maggior sostegno e la presenza di presidi ad Haiti, come la Fondazione Via Lattea Onlus di Suor Marcella Catozza

La guerriglia urbana nelle strade di Haiti prosegue senza tregua, seminando morte e terrore. Le bande armate, nel

---

[1] Nel dibattito parlamentare, il tempo riservato alle domande dei membri dell'assemblea su determinati argomenti e alle relative risposte dei membri del governo.

tempo maggiormente organizzate e munite di armi, e non più solo machete, sono addirittura in possesso di sofisticati droni che gli consentono di osservare i movimenti delle forze armate. Hanno continuato ad attaccare obiettivi governativi chiave in tutta la capitale di Port-au-Prince.

Decine di persone uccise e più di quindicimila, oggi, senza casa, dopo essere fuggite dai quartieri saccheggiati dalle bande. Port-au-Prince, come più volte evidenziato, si trova nelle mani dei guerriglieri che assaltano, stuprano, uccidono, saccheggiano, sequestrano senza pietà.

Nel mese di febbraio 2024, il rapimento di tre suore di Cluny, costrette ad abbandonare oltre quaranta bambini nel loro orfanotrofio.

Gran parte di ospedali, degli aeroporti, dei servizi pubblici, degli orfanotrofi sono bloccati o del tutto chiusi.

I ragazzi non possono frequentare l'anno scolastico, perché quasi tutte le scuole sono assediate dai banditi e, quei pochi valorosi educatori e professori, che tentano di raggiungere le aule private, sfidano la morte ogni istante.

Tutti i depositi sono chiusi e anche al mercato nero non si trova più niente.

Il prezzo dell'acqua è raddoppiato e i distributori di gas hanno cessato le attività. Il prezzo del carbone è alle stelle.

Gli accordi del 29 febbraio 2024 del presidente di Haiti, Ariel Henry, con Nairobi, per l'invio di militari allo scopo di contrastare il crimine, ha provocato una maggior reazione violenta delle *gang* armate, che si sono impossessate e hanno chiuso l'aeroporto internazionale, arrivando a bruciare persino diverse stazioni della Polizia.

Assalto alle prigioni:
liberati oltre quattromila criminali

Altri banditi armati, lunedì 3 marzo, hanno preso d'assalto i due maggiori carceri del Paese, consentendo l'evasione di oltre quattromila detenuti, con l'intento di rafforzare le fila e il potere delle organizzazioni criminali. Tra i detenuti liberati, anche alcuni soggetti sospettati di aver partecipato all'assassinio del presidente Jovenel Moise.

Haiti è sull'orlo del disastro.

Come più volte evidenziato, uno dei maggior esponenti e leader della federazione di criminali del paese caraibico *G9 Family and Allies*, che nel tempo è riuscito a raggruppare oltre nove *gang*, è il cinquantenne ex poliziotto conosciuto col soprannome di *Barbecue*, il quale, in più occasioni, ha manifestato la propria violenza, mostrandosi alla folla armato e minacciando pubblicamente di voler rovesciare il Governo: «Se il premier Ariel Henry non si dimette, sarà guerra civile e combatteremo fino all'ultima goccia di sangue!»

Dimissioni del primo ministro
Ariel Henry

Nella prima settimana di marzo 2024, il Primo Ministro e Presidente ad interim di Haiti, Ariel Henry, violentemente contestato dalle numerose *gang* e pressato anche dalle organizzazioni internazionali che includevano vari stati e comunità della zona dei Caraibi (CARICOM), dalla sua sede degli Stati Uniti comunicava le proprie dimissioni, sostenendo che il Paese necessitasse di stabilità e pace.

A seguito di ciò, è stato nominato un Consiglio Presidenziale di Transazione composto da nove persone, con il compito di stabilizzare e ripristinare la sicurezza, accompagnando il Paese, da tempo privo di un presidente e di un parlamento, alle elezioni.

Nella circostanza, lo Stato americano fece sapere che Ariel Henry fosse il benvenuto nel territorio USA di Porto Rico, dove soggiornava in sicurezza già da alcune settimane. È stato tuttavia fatto divieto assoluto ad Ariel Henry di entrare nel confinante territorio della Repubblica Dominicana, in quanto «persona non gradita».

Gli Stati Uniti chiedono
la collaborazione dell'Italia

L'Organizzazione Internazionale ha iniziato seriamente e finalmente a preoccuparsi, in quanto la drammatica situazione rischiava di destabilizzare gli equilibri faticosamente costruiti negli anni. Gli interessi nei riguardi dell'isola sono giustificati anche dalla sua posizione geografica: il Paese si trova esattamente a metà strada tra gli Stati Uniti e la Colombia, sulle rotte del traffico internazionale di armi e stupefacenti.

A seguito di ciò, gli Stati Uniti hanno richiesto all'Italia di farsi carico di addestrare le fantomatiche truppe "keniote" nella base americana di Vicenza. È stata discussa anche la possibilità di aggregazione di un contingente dei nostri carabinieri.

Contemporaneamente, il Pentagono ha inviato ad Haiti l'Unità Antiterrorismo per proteggere l'Ambasciata a Port-au-Prince, che rimaneva aperta per operazioni limitate, garantendo allo stesso tempo la transazione verso il nuovo Consiglio Presidenziale.

I *Marines* del FAST si sono schierati attorno all'Ambasciata Americana, dove gruppi armati hanno tentato di prendere il controllo, rappresentando una crescente minaccia per la popolazione.

Il Pentagono ha elevato a duecento milioni di dollari il contributo a favore di Haiti, sostenendo la missione multinazionale per la sicurezza del paese caraibico.

Nonostante ciò, nelle strade principali del centro cittadino le violenze non sono cessate, e i residenti, al fine di potersi proteggere dagli attacchi, hanno formato delle barricate.

Marines del FAST schierati attorno all'Ambasciata Americana

Lunga lettera alle più alte cariche dello Stato

A marzo del 2024, considerato che nessuno o quasi evidenziava la drammaticità di quanto stava accadendo da tempo nella martoriata Repubblica haitiana, presi la decisione di fare qualcosa io stesso, fornendo un piccolo contributo.

8 LA SICILIA Lunedì 15 Aprile 2024

InSicilia

LA MISSIONARIA

«Aiuti a suor Marcella e ai suoi bimbi»

La storia. Appello dell'ex "falco" Pino Vono a Papa Francesco e al presidente Sergio Mattarella in favore della religiosa da anni impegnata al fianco dei piccoli di Haiti e degli ultimi del mondo

Concetto Mannisi

CHI È PINO VONO

"Pino" Vono, nato a Catanzaro nel 1954, entra in Polizia a 19 anni. Nel 1973 è trasferito al Reparto Mobile di Catania e dopo un anno entra a far parte della Squadra Speciale dei Falchi voluta dal questore De Francesco e dal capitano Donnini. Ricopre questo incarico fino all'agosto del 1993, mese in cui subisce un attentato. In pensione col grado di ispettore superiore ha scritto due libri: "I Falchi nella Catania fuorilegge", che ripercorre le tappe e le operazioni vissute in prima persona, e "Catania: la Chicago del Sud".

CATANIA. Pino Vono è un ex "Falco". Negli anni di piombo, quando la criminalità organizzata non faceva sconti e teneva in scacco la città di Catania, con un manipolo di colleghi si assunse l'onere di andare su strada e di fare fronte, anche con metodi non sempre convenzionali, all'arroganza e alla violenza dei presunti "uomini di sostanza". Gente che non conosceva limiti, che non aveva remore quando si trattava di premere il grilletto e sparare ad altezza d'uomo, che costringeva i cittadini, specialmente la sera, a restare tappati in casa per non incorrere in guai di qualunque genere.

Della lotta alla criminalità comune ma anche ai boss mafiosi che per lustri hanno creato una cappa irrespirabile in tutta la provincia etnea Vono ha raccontato in due libri, pubblicati in questi anni, che hanno fornito uno spaccato chiaro di quegli anni e suscitato sentimenti di nostalgica ammirazione proprio nei confronti dei "Falchi". I proventi delle vendite, fra l'altro, non sono finiti nelle tasche del poliziotto in pensione ma sono stati rigorosamente devoluti in beneficenza. In particolar modo, in un caso, alla comunità di bambini seguita ad Haiti dalla religiosa italiana Marcella Catozza, verso la quale Vono, calabrese di origine ma catanese di adozione, nutre una grande ammirazione.

Suor Marcella e i suoi bambini, però, stanno vivendo un momento assai delicato proprio a causa delle gravi condizioni in cui versa Haiti, laddove imperversano bande di delinquenti spietati che hanno promesso di uccidere la religiosa qualora avesse deciso di fare ritorno nel centro caraibico. Motivo per cui Vono ha deciso di scuotere l'opinione pubblica e di indirizzare un accorato appello che nei giorni scorsi ha raggiunto, fra gli altri, papa Francesco, il presidente della Repubblica, Sergio Mattarella, i presidenti del Senato e della Camera, Ignazio La Russa e Lorenzo Fontana, la presidente del Consiglio dei Ministri, Giorgia Meloni, e svariate altre personalità politiche del Paese e della nostra regione.

«Suor Marcella Catozza - racconta Vono - è una missionaria francescana di sessant'anni, con un diploma di infermiera e cinque anni universitari in Medicina, che è stata insignita del "Premio per la Pace" concesso dalla Regione Lombarda nel 2010. Originaria della provincia di Varese.

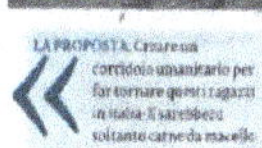

la religiosa si batte da anni per il popolo haitiano e proprio per questo motivo ha lanciato un disperato grido di aiuto. Giova ricordare, però, la storia di suor Marcella, che da oltre un trentennio si occupa dei più poveri e degli ultimi del mondo.

«Una delle sue prime missioni - prosegue - è stata in Albania, laddove nel 1992 ha fondato la missione di "Babice e Madha", occupandosi dell'educazione dei bambini e dell'ambulatorio di un povero villaggio. Ciò prima di divenire responsabile del campo profughi kosovari di Valona, là dove ha collaborato con la Croce Rossa internazionale, occupandosi dei ricongiungimenti familiari dei bambini dispersi. È nel Paese balcanico che viene a conoscenza di un traffico di organi di bambini. E questo accade attraverso l'offerta di un mafioso locale che le propone

A destra Pino Vono con suor Marcella; sopra due bambini si tengono per mano dopo temporale

una cospicua somma di denaro per "acquistare" alcuni orfani. Inevitabile lo sdegno di suor Marcella, così come la reazione del mafioso: la missione venne assaltata da un gruppo criminale messo in fuga dal tempestivo intervento del Battaglione San Marco precedentemente avvertito dalla stessa missionaria, sia per salvaguardare la sua incolumità sia per salvare i bambini. Dapprima in Mozambico e successivamente in Amazzonia, dove la religiosa comincia a occuparsi dei bambini delle favelas di Itauna e Paulo Correa. Di lì a poco, anzi, fonderà il Centro Educativo Nossa Senhora Das Gracias, accogliendo oltre 700 bambini».

«Nel 2005 - continua l'ex "falco" - suor Marcella raggiunge Haiti e viene invitata a recarsi nelle baraccopoli di Waf Jeremie, nella periferia della capitale Port-au-Prince, tristemente famosa per la diffusa criminalità e il rischio di malattie. Qui riesce a trasformare un vecchio deposito in un piccolo pronto soccorso pediatrico ma passano pochi mesi e viene trasferita nella Repubblica Dominicana, dove la Chiesa avrebbe auspicato maggiori attenzioni per i tanti disperati clandestini haitiani dediti alle piantagioni di canna da zucchero. Ma anche in questo caso la permanenza non dura molto, perché a seguito del devastante terremoto del 12 gennaio 2010, suor Marcella viene invitata a tornare nella baraccopoli di Waf Jeremie, per aiutare quella povera gente a ricominciare. Qui nasce l'associazione "In cammino con Suor Marcella Catozza Onlus", che nel 2015 prende il nome di "Fondazione Via Lattea Onlus", con sede in provincia di Perugia. È

la chiave di volta per avviare il progetto di aiuti nei confronti del popolo haitiano e, soprattutto, di orfani fino a 14 anni, arrivando a ospitarne ben 140 nella "Casa di Accoglienza Kay Pè Gluss", nel ricordo di don Luigi Giussani. Quindi matura il progetto di consentire a un gruppo di ragazzi di trasferirsi in Italia per studiare e acquisire i mezzi per poi aiutare, in futuro, la gente di Haiti. Viene individuata una dimora in provincia di Perugia, viene garantito a ventiquattro bambini fra gli 8 e i 12 anni il visto turistico per tre mesi nel nostro Paese, si procede con la collocazione nelle varie scuole. Ma quando il visto turistico scade nessuno è disposto a concedere il rinnovo: i minorenni devono essere dati in affido o in adozione. Ma non a suor Marcella. Cosicché i ragazzini sono costretti a fare ritorno nel loro Paese. Che nel 2021, dopo l'assassinio del capo del Governo, Jovenel Moise, piomba nel caos. Con i bambini che vengono reclutati dalle gang criminali e utilizzati come carne da macello. La missionaria deve fare rientro in Italia, minacciata da uno dei boss del luogo: "Torna con diecimila dollari per noi o non tornare più. Sei italiana e sai cos'è la mafia!"...».

«Ad oggi - ricorda in sintesi Vono - nonostante la missione di sicurezza voluta dalle Nazioni Unite, la situazione non è poi tanto cambiata. Con suor Marcella che sta provando a giocare le sue ultime carte, ha raggiunto la Repubblica Dominicana e qui sta provando ad allestire una nuova casa d'accoglienza per i bambini di Waf Jeremie. Che però, a causa delle tensioni in atto fra i due Paesi caraibici, non sono stati autorizzati a varcare la frontiera. Il fatto è che ad Haiti le violenze, i saccheggi, le morti sono continue. E la paura è che per questi bambini non ci possa essere più un futuro. Per questo io oggi mi chiedo come potrà un mondo che non riesce a farsi carico di un frammento d'isola affrontare in modo incisivo la crisi ucraina o il caos mediorientale. Per questo ho lanciato un appello al Papa e alle altre eminenti personalità: creiamo un corridoio umanitario per consentire a questi ragazzi di far ritorno in Italia e mettersi a studiare. Oppure ci si rivolga alle autorità della Repubblica Dominicana affinché possa essere autorizzato l'ingresso di questi piccoli sfortunati, che verrebbero accolti da suor Marcella e dal suo vescovo. È una goccia nell'Oceano, lo so, ma la storia di questa religiosa merita un sostegno». •

Scrissi e inviai una lunga lettera direttamente al Presidente della Repubblica, On. Sergio Mattarella; a Papa Francesco; al Capo del Governo, On. Giorgia Meloni; ai due Vicepremier, i Ministri Matteo Salvini e Antonio Tajani; al Presidente della Regione Siciliana, On. Renato Schifani; nonché ad altre numerose autorità, incluse alcune testate giornalistiche e televisioni nazionali e locali.

Concreto, celere e graditissimo riscontro, che mi ha reso particolarmente felice (e, per questo, non posso che ringraziarlo pubblicamente) è stato quello letto sul quotidiano *La Sicilia* del 15 aprile 2024: un dettagliato articolo scritto dal giornalista dott. Concetto Mannisi, che riportava fedelmente alcuni dei più importanti passaggi della mia istanza.

Ulteriore riscontro, a seguito dell'invio della predetta nota, ho potuto ottenerlo constatando che alcune televisioni, nazionali e private, anche se solo per un brevissimo periodo, abbiano finalmente puntato i riflettori e commentato la grave situazione vissuta dal popolo haitiano.

Dichiarazione dello Stato di Emergenza

Lo Stato di Emergenza dichiarato dal Consiglio Presidenziale di Transazione, con a capo il Primo Ministro ad interim Michel Patrick Boisvert (aprile 2024), è stato esteso a tutto il Dipartimento Ovest della capitale, Port-au-Prince, fino al 3 maggio 2024, mentre il coprifuoco è cessato il 10 aprile. Queste le prime misure adottate per tentare di riprendere il controllo della situazione.

Nonostante ciò, la violenza delle bande armate non si è fermata e ha rivolto la propria attenzione sulle maggiori strutture culturali e educative della capitale, come le Facoltà di Scienze, Agronomia e Medicina Veterinaria dell'Università Statale, saccheggiandole. Chi può fugge, mentre, come Suor Marcella ha avuto modo di affermare amaramente: «I nostri bambini non possono scegliere. Il mondo, come sempre, sta scegliendo per loro!»

Anche Suor Marcella, tramite la Fondazione Via Lattea Onlus, ha chiesto direttamente all'On. Giorgia Meloni l'attivazione di un corridoio umanitario per andare a recuperare quei poveri bambini e i loro educatori; tuttavia, nonostante avesse percepito un certo interesse da parte della Premier italiana, la situazione è rimasta per lungo tempo stagnante, la vita di quei piccoli appesa a un filo, nelle mani del buon Dio.

Nuova partenza per il Madagascar

Il successivo 21 maggio 2024, nonostante il suo pensiero fosse rivolto verso i piccoli della Comunità *Kay Pè Giuss* di Waf Jeremie, seguiti costantemente dalla Fondazione Via Lattea Onlus, Suor Marcella ritornava in Madagascar per ben comprendere e valutare la fattibilità del nuovo progetto.

Nel viaggio veniva accompagnata da due architetti e due medici, programmando il rientro in Italia il mese seguente.

Contestualmente, in occasione della ricorrente Festa Nazionale della Bandiera Haitiana, una delle feste più importanti nella loro cultura perché simbolo della fine della schiavitù, Suor Marcella ha lanciato loro un messaggio augurale e di sfida: «Festeggiamo! Ma festeggiamo come sempre, con musica, canti, panini e torte colorate».

NULLA PUÒ SPEGNERE IL GRIDO DEL CUORE DELL'UOMO, SE NON LA NOSTRA LIBERTÀ CHE DECIDE DI FARLO

È quello che sto imparando in questo ultime ore guardando con stupore la vita della kay Pè Giuss. La situazione di Haiti ed in particolare di Port au Prince e ancor più in particolare del nostro quartiere ormai la conosciamo, inutile ripetersi. Le cose non cambiano! Assalti, stupri, omicidi, gente in fuga, case date alle fiamme, depositi saccheggiati, rapimenti.... La solita quotidiana violenza in cui da mesi, ma forse meglio dire da anni, sta vivendo il paese. Con i nostri educatori ci sentiamo tutti i giorni e quello che emerge sempre dai loro interventi è la certezza di essere nelle mani di qualcuno che cambierà le cose quando vorrà, ma di cui loro sono davvero certi. L'altro pomeriggio li ho sfidati, ben sapendo che stavo chiedendo loro l'impossibile! Ma conservo ancora il cappellino di una vacanza su cui era stata fatta stampare la scritta *"Siate realisti, domandate l'impossibile"*, una frase di Camus... non proprio un nostro amico, ma amata e ripresa dal don Giuss per raccontare a noi quindicenni la sete insaziabile del cuore dell'uomo. E allora dentro la tragedia che i nostri amici stanno vivendo ho osato provocarli all'impossibile perché va bene credere che qualcuno cambierà le cose ma il punto è: aspettiamo che cambino per tornare a vivere? O viviamo fino in fondo l'istante pur drammatico ed in questo caso forse

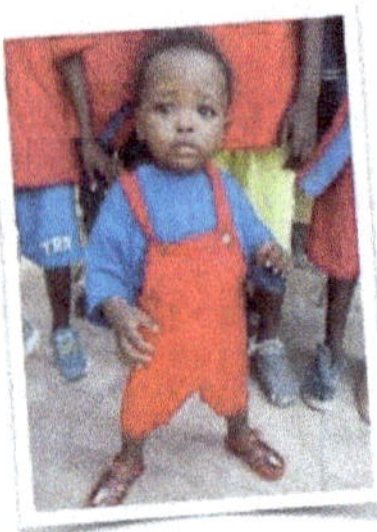

proprio tragico, che abbiamo davanti? Permettiamo alla vita di viverci addosso, o la viviamo da protagonisti? Che vuol dire: il grido del cuore è spento da tanta violenza o arde e pulsa sotto le macerie di un'umanità ferita dalla storia? Li ho sfidati.... Hanno raccolto la sfida e le centinaia di foto e video che mi sono arrivati ieri ne sono la prova.

18 maggio festa della bandiera haitiana, una delle feste più importanti nella loro cultura perché simbolo della fine della schiavitù, simbolo della libertà che corrisponde al cuore. È festa nazionale. Canti e balli per le strade, sfilate, fuochi d'artificio. Il clima che si vive a Port au Prince oggi non permetteva certo di vivere la giornata come tutti gli altri anni: le

scuole sono già chiuse, le strade teatri di scontri armati non possono diventare palchi di sfilate, e in fondo nessuno ha voglia di festeggiare. E allora, ricordandomi che possiamo domandarci l'impossibile, la scorsa settimana ho lanciato la sfida.... Festeggiamo! Ma festeggiamo come sempre con musica, colori, panini golosi e torte colorate, tanti palloncini, balli e canti. Il sì entusiasta degli educatori della kay mi ha sorpreso, ma ancora di più mi hanno sorpreso le foto e i video ricevuti ieri: la kay in

CASSY nella parte di Madame Catherine Flon che ha cucito la bandiera

EMMANUELSON nella parte di Jean Jacques Dessalines che dopo la liberazione ha stracciato la bandiera francese togliendo la parte bianca e il suo cavallo Jimmy

ZAWOODSON nella parte di Alexandre Petion

festa, i bambini in festa, gli educatori in festa. Palloncini, striscioni, costumi, cappellini, rappresentazioni teatrali, sfilate, in pochi giorni hanno saputo organizzare tante attività e la cosa più bella era l'evidenza di una contentezza sui loro volti: non lo stavano facendo perché la suora vuole la festa, ma perché il cuore grida il bisogno di bello, di bene, di felicità ed anche una festa può ricordarcelo dicendoci soprattutto che siamo vivi, perché nulla ma proprio nulla può spegnere questo grido del cuore dell'uomo se non la tua libertà che decide di lasciarselo schiacciare.

La kay pè Giuss è viva! Che provocazione ad alzare la testa dalla fatica della nostra quotidianità!

Costumi fatti con la carta crespa, cappelli da generali e spade di cartone, danze e perfino Mondi, nove anni, che presenta al violino il pezzo che ha preparato con il maestro (da un anno otto bimbi della kay studiano violino!!!). E poi i panini golosi preparati da Nadege perché non si trova carne né pollo e quindi il menu delle feste sempre molto ricco alla kay ha dovuto per forza essere cambiato. E ancora i chico, le loro patatine di un arancione terrificante e i succhi di frutta Tampico, in realtà zucchero liquido, o le torte che non hanno potuto essere blu e rosse, colori della bandiera, come sempre perché il fornaio ha finito i colori e non si trovano più. Insomma qualcosa di diverso che ci faceva capire che i tempi sono difficili c'era, ma l'allegria e la voglia di vivere superavano la mancanza delle cose. Che lezione per il nostro mondo sempre pronto a lamentarsi, mai soddisfatto, sempre in cerca di qualcosa che non ha, ma senza il coraggio di ripartire dal cuore, dalla propria umanità fatta a immagine e somiglianza di Lui.

Alla kay stiamo cercando di ripartire dal cuore. Fremo nel dover accompagnarli a distanza, ma obbedisco certa che tutto concorre al bene, come ci ha detto san Paolo e tanti santi dopo di lui ce l'hanno confermato e non da ultimo il nostro don Giuss. E l'obbedienza non è dire sì ad un superiore, ma accogliere la volontà di Dio nella nostra vita, accoglierla con gioia perché si scommette su Colui a cui si sta dicendo sì, non certo sulla nostra capacità di fedeltà!

E mi colpiva vedere nelle foto alcuni educatori che ieri avevano il giorno di riposo e che invece erano rimasti lì senza smontare dal turno per partecipare alla festa, per fare la festa, per esserne protagonisti insieme ai loro bambini. Educatori che per arrivare alla kay rischiano la vita; che lasciano a casa i figli senza sapere se accadrà loro qualcosa durante la giornata, che dormono sui pavimenti della kay, educatori che hanno voglia di vivere.

Ieri sera, nella nostra notte, sentendomi con i responsabili della kay che stanno davvero dando tutto perché non si perda neanche un briciolo dell'esperienza che per anni abbiamo vissuto insieme, emergeva la contentezza di

A seguire, nel testo: «[...] ognuno per il gesto vissuto e ringraziavano per averli spinti a mettersi in pista. Ripartiamo dunque da questo "sì" che stanno dicendo alla vita e alla verità della loro umanità, e ricominciamo a festeggiare i compleanni ogni mese, come abbiamo sempre fatto. E ci mettiamo in pista per il campo estivo 2024, certi che la verità del cuore dell'uomo, che ci ha insegnato a chiamare grido, non può essere soffocata dalla violenza, dall'abbandono, dal dolore, dal senso, ma trova compimento nella nostra libertà, che ci dà il coraggio di stare davanti a tutto ciò che accade, certi e grati del bene che si compie.»

I miracoli possono realizzarsi

Trascorso qualche mese dalla pubblicazione sul quotidiano *La Sicilia* del mio appello rivolto alle massime autorità italiane, unitamente a quello manifestato da Suor Marcella, si è avverato l'inaspettato: per fortuna, per coincidenza, o per essere stati convincenti nel tentativo di "intenerire" e sensibilizzare il cuore di chi detiene il *potere* e, insieme, il *dovere* di impegnarsi a cambiare le sorti degli eventi, qualcosa di miracoloso è accaduto.

Dopo numerosi passaggi burocratici tra la Repubblica di Haiti e l'Ambasciata Italiana presso Santo Domingo, competente proprio per le ragioni di sicurezza legate alla grave situazione in corso nella Nazione caraibica, gli organi preposti, seguendo le direttive del Governo italiano, sono riusciti a far sì che quattro famiglie, rispettivamente della Calabria, della Sardegna e del Piemonte, potessero abbracciare i piccoli haitiani affidati loro in adozione.

In particolare, nel corso della mattinata dell'8 giugno 2024, all'aeroporto militare di Ciampino (31° Stormo), con un volo messo a disposizione dai Servizi di Sicurezza, sono giunti dieci bambini provenienti da alcuni orfanotrofi della martoriata Haiti. I piccoli, oltre a incontrare le famiglie adottive italiane, sono stati accolti, tra gli altri, dalla Ministra per la Famiglia, Natalità e Pari Opportunità, Eugenia Roccella; dal dott. Vincenzo Starita, Vicepresidente della Commissione Adozioni internazionali, Consolato Onorario a Port-Au-Prince e dalle altre strutture Governative (AISE e Unità di crisi della Farnesina).

Per questi piccoli bambini è terminata così un'odissea. Una di quelle giornate in cui va riconosciuto e ringraziato l'impegno del nostro Governo.

A questo punto, resta da chiedersi: un mondo che non sa farsi carico di un frammento d'isola può affrontare in modo incisivo la crisi ucraina o il caos mediorientale?

Una cosa è certa: persone come Suor Marcella Catozza sono eroi viventi dei nostri tempi. Peccato che nessuno, o pochi, se ne accorgano!

Resta viva la speranza che a breve possano accadere altri miracoli.

10 gennaio 2024: felice incontro.

Alcune delle foto sono state estrapolate dal libro-documento dal titolo *Waf Jeremie - Inizio della speranza*, scritto da Marco Baroncini e pubblicato dalla Casa Editrice Graffiti; altre, estrapolate da internet e prive di copyright. Di altre ancora, l'autore del presente libro detiene il possesso.

Ringraziamenti

Il testo da me approntato aveva certamente bisogno di essere migliorato. Il mio amico Fabio Failla, Dirigente Superiore della Polizia di Stato in quiescenza, ha certamente contribuito, con suoi preziosi consigli, a modificare e affinare il racconto nel suo complesso.

Un immenso grazie all'amico sacerdote che desidera rimanere anonimo, ma che mi ha segnalato la coraggiosa e amorevole Suor Marcella Catozza.

Ancora tanta gratitudine per la sua prefazione al dott. Salvo Di Salvo, giornalista e collaboratore del *Giornale di Sicilia*, di *Maria Con Te*, primo settimanale mariano, redattore del settimanale cattolico *Cammino*, direttore di *Radio Una Voce Vicina In Blu*. E ancora, Segretario Nazionale dell'Unione Cattolica della Stampa Italiana da settembre 2021, Tesoriere dell'Ordine dei Giornalisti di Sicilia e componente della sottocommissione per la comunicazione del Giubileo 2025. Egli è stato vicepresidente diocesano dell'Azione Cattolica Italiana dell'Arcidiocesi di Siracusa, Presidente parrocchiale di A.C., Vicesegretario Provinciale Assostampa Sicilia. Premio Nazionale di Giornalismo "Gianni Ferraro" e "Penna Maestra 2023". Nel 2022 è stato insignito, dal Presidente della Repubblica Sergio Mattarella, dell'onorificenza di Cavaliere dell'Ordine al Merito della Repubblica Italiana. Tra le sue pubblicazioni: *Devoti! ... W Santa Lucia. Storia di un cammino d'amore con la santa patrona* (2008) e *La comunicazione cristiana nei social* (2024)

Un ringraziamento di cuore alla sempre disponibile editor Lisa Pitrolo, per essersi occupata della correzione di bozze, dell'editing e dell'impaginazione del manoscritto.

I miei sentiti ringraziamenti vanno poi a tutti voi che avete contribuito e dato speranza a un luogo e a un popolo di bambini abbandonati, ammalati e denutriti, nella Casa di Accoglienza *Kay Pè Giuss*, nata all'interno della triste baraccopoli di Waf Jeremie, per il grande coraggio, la determinazione, la volontà e l'amore di Suor Marcella Catozza.

Pino Vono

Suor Marcella incontra il Santo Padre Francesco

Fondazione Via Lattea Onlus
Vocabolo Conversino 160/B, 06033 Cannara (Perugia)
Banca Popolare di Sondrio, Filiale 183 Piazza Trento e
Trieste n.10, Busto Arsizio (Varese).
IBAN: IT85R0569622800000021115X46
BIC/SWIFT POSOIT 22XX
DONA il 5x1000
C.F. 94158530546
www.fondazionevialattea.org
info@fondazionevialattea.org
suormarci@fondazionevialattea.org

Suor Marcella Catozza, nata a Busto Arsizio (Varese) nel 1963, è Missionaria Francescana con un diploma di infermiera e cinque anni universitari in medicina alle spalle. Da oltre trent'anni si occupa dei più poveri e degli ultimi del mondo.

Nel 1992, in Albania, fonda la "Missione Babile e Madha", occupandosi dei bambini e dell'ambulatorio di un poverissimo villaggio. Nel 1999 diventa responsabile del campo profughi kossovari nella Città di Valona. In Albania viene minacciata perché si rifiuta di cedere dei bambini, previo compenso alla mafia locale interessata al commercio di organi. Si salva grazie all'intervento del Battaglione San Marco.

Viene inviata in Mozambico e successivamente in Amazzonia (2000), sull'Isola Parintins (Brasile) per quasi cinque anni. Nel 2005, per volontà del suo vescovo, si dirige ad Haiti, dove rimane per poco tempo, in quanto richiamata nella vicina Repubblica Dominicana.

Il 12 gennaio 2010, un forte e devastante terremoto colpisce il paese caraibico di Haiti e Suor Marcella fa ritorno tra quel popolo già disperato. Qui, con l'aiuto di molte persone e varie organizzazioni, riesce a portare a compimento gran parte dei suoi progetti. In quella baraccopoli di oltre settantamila anime, apre la Casa di Accoglienza *Kay Pè Giuss*, in ricordo di don Luigi Giussani, arrivando ad ospitare oltre centoquaranta bambini orfani, nelle centoventi casette colorate.

Nel 2010 riceve il *Premio per la Pace* da parte della Regione Lombarda.

Nel 2019 ottiene un permesso vacanza per circa venti piccoli haitiani, raggiungendo Cannara (Perugia) insieme a loro. Per difficoltà burocratiche, dopo un anno scolastico intero, è costretta dal Tribunale dei Minori a ricondurli a Waf Jeremie, dove estrema povertà, violenze, rapine, rapimenti e soprusi in genere sono all'ordine del giorno. Suor Marcella, più volte minacciata dai gruppi mafiosi del luogo, si è dovuta allontanare dai suoi piccoli, facendo ritorno in Italia, per una successiva missione in Madagascar.

www.ingramcontent.com/pod-product-compliance
Lightning Source LLC
Chambersburg PA
CBHW061301250726
48653CB00002B/715